中 国 因 他 们 而 改 变

张丽珠传

王传超　陈丽娟◎著

中国科学技术出版社

·北　京·

图书在版编目（CIP）数据

张丽珠传 / 王传超，陈丽娟著 . -- 北京：中国科学技术出版社，2025.4. --（中国因他们而改变）. -- ISBN 978-7-5236-1365-8

Ⅰ. K826.2

中国国家版本馆 CIP 数据核字第 20250FC370 号

总　策　划　　秦德继　宁方刚
策划编辑　　周少敏　徐世新
责任编辑　　彭慧元
装帧设计　　中文天地
责任校对　　邓雪梅
责任印制　　徐　飞

出　　版　　中国科学技术出版社
发　　行　　中国科学技术出版社有限公司
地　　址　　北京市海淀区中关村南大街 16 号
邮　　编　　100081
发行电话　　010-62173865
传　　真　　010-62173081
网　　址　　http://www.cspbooks.com.cn

开　　本　　787mm×1092mm　　1/32
字　　数　　101 千字
印　　张　　6.125
版　　次　　2025 年 4 月第 1 版
印　　次　　2025 年 4 月第 1 次印刷
印　　刷　　河北鑫兆源印刷有限公司
书　　号　　ISBN 978-7-5236-1365-8 / K·470
定　　价　　58.00 元

（凡购买本社图书，如有缺页、倒页、脱页者，本社销售中心负责调换）

张 丽 珠 传

1934年，张家赴莫干山春游合影（左起：丽珠、馨珠、某某、张佩芬、张耀曾、赵玟、郑天挺、宁珠、惠珠）

The All-round Girl of 1937

1937 年，张丽珠获"全面发展女孩"荣誉

20 世纪 50 年代，张丽珠（后排右二）在北医住院部与部分北医学生合影

1980 年 7 月，张丽珠出席第二届世界妇女大会前，探望林巧稚大夫

1986 年 9 月，张丽珠在东弗吉尼亚医学院琼斯生育药物研究所（美国首例试管婴儿于
1981 年 11 月在此出生）与琼斯夫妇（右一和右二）合影

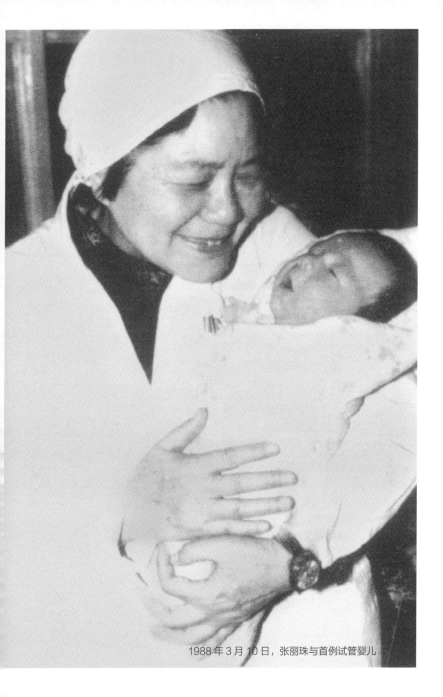

1988 年 3 月 10 日，张丽珠与首例试管婴儿

1998 年 3 月，张丽珠重返延庆对角石

2013 年 1 月，张丽珠在中国国家博物馆参观"科技梦　中国梦——中国现代科学家主题展"

目录

童稚时光

无忧无虑的童年时光

1921年1月15日，张丽珠在上海出生。父亲张耀曾，生于1885年，于1904年东渡日本求学，曾在东京帝国大学学习法律，积极投身民主革命，是同盟会早期成员之一。母亲赵玟，早年曾在日本东京女子师范大学学习幼儿教育。辛亥革命成功后，张耀曾投身政界，努力践行宪政、法治，在北洋政府时期曾三度出任司法总长，但政局动荡以及不适应复杂黑暗的官场倾轧，因此其任期都不长。张丽珠出生时，父亲因对军阀分裂混战局面失望正避居上海，此时她已经有三个姐姐：宁珠、馨珠、惠珠。

张丽珠出生后不久，父亲被政府聘为太平洋会议高等顾问，再度出山入京，后来长期担任法权讨论委员会委员长，因此张丽珠的童年时期主要是在北京度过的。当时张家经济条件比较宽裕，住在西四小酱坊胡同，邻居是曾任北洋政府农商部矿政司司长的邢端。张家搬来北京后，张丽珠又多了一个妹妹（圆珠）、一个弟弟（元达），当时家里的院子很大，姐弟六人度过了一段无忧无虑的时光。三姐惠珠在数年后曾满怀憧憬地回忆道：

"五月的太阳是那样的温柔，黄昏的太阳又是那样的羞怯，黄昏的太阳轻轻地溜走了。我注视着自己的影子渐渐地加长，它仿佛一刻不停地带走了无价的时光，而堆砌起来我的年龄。我注视我的影子，脑海里悠然地出现一幕往事：六个短小的影子在古木参天、花香四溢、百鸟歌唱的乐园里跳跃追逐的情景，已是十年前的事了！

"也是一个暮春的黄昏，在花木茂盛的一个大院子里，鸟儿在杨柳枝头歌唱，花儿随风轻舞；被彩霞拥护着的夕阳，温柔地爱抚着每一个孩子。六个小心灵是活泼地跳着，十二只小眼中放出喜悦的光；那时的我们，觉得世界上只有美丽与快乐……儿时永远是甜蜜的，多少的以往是值得人们这般的眷恋啊！"

美中不足的是家人团聚少了些。父亲张耀曾的工作很忙，既要编著《列国在华领事裁判权志要》，又要组织专家讨论、推广法律，还要去各地法院、监狱考察。母亲赵玫虽然身体不好，但仍与三姑张佩芬等人于1921年发起成立了中国女子商业储蓄银行，提倡妇女就业与经济独立。三姑早年也留学日本，与母亲是同学，提倡女权，终身未婚。在张丽珠的记忆里，家人相聚的场面总是格外温馨动人的：

"北京我家前院有一棵大枣树，每年结枣时，我们四姐妹总要把最大的'枣王'打下来留给父亲吃。夏天的晚上全家都在院子里乘凉。我们四姐妹轮流给父亲捶腿，听父亲谈天说地；仰头看天上的银河，那星星至今仍在我的心海里闪动着光辉。一次我突然发现一只蝎子向父亲的脚边爬去，我就哇哇大哭起来。"

这一时期家里发生了一件不幸的事情，五妹圆珠和弟弟元达因痢疾夭折。这虽然在后来不算特别严重的疾病，在当时是致命的。张家唯一的儿子夭折，在守旧的人们看来张家是绝嗣了，这给张丽珠的成长带来了深远的影响。

童年的时光总是过得飞快，张丽珠很快就到了入小学的年龄。她于1927年进入东铁匠胡同的师大女附小就读。但此时由于北伐战争，北洋政府已是岌岌可危，父亲目睹战乱，于1927年夏天辞去法权讨论委员会职务，赋闲在家，由此家境日益困窘，有时甚至连孩子的学费都凑不出来，于是决定迁居上海。

在北京这几年的生活在张丽珠身上留下了深深的印迹。她的女儿唐昭华说：

"根据我记忆里母亲所说，她大概是小学三年级以后到的上海，所以她对北京的小吃特别有兴趣。……由于她小时候在北京长大，家里人都说普通话，就是到了上海也说普通话。她喜欢吃北方的面食，例如韭菜馅饼、小吃艾窝窝、驴打滚、豌豆黄等。郑大爷那时候在北京带她们出去时，常叫糟熘鱼片。我们小时候母亲还带我们去厂甸，因为她小时候对厂甸有印象，而且她小时候觉得北京卖小吃的人态度都特别友好，对小孩问路、买东西都很友善。"

唐女士所说的"郑大爷"，是历史学家郑天挺先生。他和梁漱溟先生都是张家的亲戚，是张丽珠的表亲，当时都在北京做张耀曾的秘书。后来几家一直都有较多的来往。

女中课业

1929 年 8 月，张丽珠四姐妹在三姑的带领下，与先期到上海找房子的父母团聚。随后，四姐妹进入上海智仁勇女子中学就读。张丽珠与三姐惠珠一起入该校小学部读四年级，两年后又一起入初中部。关于这段经历，她回忆说：

"我跟三姐是同岁，都是属羊的，一个年初，一个年尾。所以后来进学校，我老拉着她，我到哪儿，我就不许她往上走，后来她留下来跟我同班，我到哪儿上学，她也到哪儿上学，都是在一起。不过她虽然比我大12 个月，留下来陪我，但是还是比别人早两班。我们都是跳班的。"

智仁勇女中由徐筱农等人创办于1928年，校址在威海卫路（今威海路）870号，当时该校是一所非常有朝气的学校。建校初期，学校要求严格，很快就在林立的女校中脱颖而出。张丽珠入初中部的次年即1932年，学校开始执行国民政府教育部最新颁布的《中学课程标准》，初中教学科目有公民、国文、英语、历史、地理、算学、物理、化学、动物、植物、体育、卫生、劳作、图画、音乐。张丽珠自认并不是一名用功的学生：

"我当时根本不像学生，我觉得别人都比我用功。我上完课从来没有什么再复习，我记得我同班的人，中学那会儿'开夜车'复习，好像紧张得不得了。我学起来根本就不费劲，根本不用回来看书复习。（可我）成绩很好，发回来卷子时，老师看着我，对我很惊讶地笑。"

用力少而能取得好的成绩，除了良好的学习习惯，只能用天资聪颖来解释了。1934年初中毕业的时候，上海市教育局循例组织了毕业会考。考试科目为党义、国文、算学、历史、地理、自然、体育、外国语，核算成绩时按百分制，八十至一百分为甲等，六十至七十九分为乙等，四十至五十九分为丙等，四十分以下为丁等（不及格）。张丽珠在考试中获得甲等，并获得教育局颁发的奖状奖品。

初中毕业后，张丽珠仍在本校高中部就读。学校为提高学生们的课业水平和综合素质，经常举办一些竞赛活动，张氏姐妹总是能在活动中拔得头筹，在学校中颇为引人注目。当时上海最畅销的报纸《申报》曾报道该校的英语演说竞赛：

"威海卫路智仁勇女中，昨日上午举行高中英语演说预赛，由主席孙廷璧报告演说规则及计分等，请范国栋、万景陶、曹右民、田嘉炳、郑人镜任评判员。每级所选讲员，皆擅长英语。演讲毕，由评判员范国栋总评。结果张馨珠、沈希瑞、陈文娥、张惠珠、张丽珠、戴光曦及格当选。闻该校至春假后举行初高中英语演说决赛，拟请欧美名人担任评判员。

"智仁勇女校平时对于学生课外作业，十分注意……昨日复举行英语竞赛，由沪江大学教授美人魏波、德人罗森伯女士、光华大学社会学士周宸明担任评判。结果高中部优胜者张惠珠、张馨珠、张丽珠，初中部优胜者丁秀瑞、谈坤元、戴尔英。该校并定于下星期举行全校算学测验云。"

此外，学校还经常邀请社会名流来校演讲，开阔学生们的眼界，培养学生独立自主的意识。比如学校曾邀请江亢虎来校演讲：

"江氏以该校校名'智仁勇'三德为讲题，对于古今中外之道及心理学之智、情、意三者阐明无遗，人当求完善教育，不使有所偏重云。"

江氏处世生平，颇多可议，但我们不必因人废言，他这次演讲所谈的主旨还是对的。张丽珠在中学所受的教育及取得的成绩也印证了这一点。

中学时期的张丽珠，不仅学习成绩优异，在课外生活的各方面都是积极分子，与姐姐们同为学校各种社团的骨干分子，得到了全面发展。

入学不久，她就加入了学校的排球队，很快成为队里的主力，与队员们一起将校队打造成上海市的一支强队。她们参与的赛事经常被《申报》报道，并曾被评论道："本埠智仁勇女中排球队，近常与各校比赛，无一不获胜利。该校声誉大震，异军突起而所向无敌也。"在1934年的中青排球联赛中，她们在决赛中力克劲敌蔷薇队，夺得冠军。正因为有此战绩，1935年第六届全国运动会在上海召开时，智仁勇女中排球队的很多队员被选入上海女排参赛。在上海队中，张丽珠照旧在前排担任主力，她回忆说：

"我那时候是打第一排中间，每一个球必须要经过我的手，或者撩过去，或者托着，或者打下来，由我来决定。当时大家都说我是排球队的'灵魂'。"

作为"灵魂",她没有辜负大家的厚望,被评价为"能征惯战,堪为栋梁之材",与队员们一起连连闯关,并在 10 月 19 日与广东队的决赛中"独挡重关,如铁屏障身",带领全队获得冠军。

除排球外,张丽珠也是篮球队的主力。从运动场上下来,她又能很快拿起笔杆子,化身"女秀才",能文能武,令同学们钦佩。她和三姐惠珠都是学校学生自治会执行委员,她还是出版股成员,担任校刊《智仁勇》的总编辑。上海图书馆至今仍藏有一份她当年主编的校刊,包含言论、科学、小说、游记、小品文、诗品、校内新闻、书报介绍等多个栏目,内容丰富、版式大方。

在文艺方面,张丽珠喜欢唱歌,有时还登台表演话剧。1935 年,智仁勇女中举办建校七周年纪念游艺会的时候,她们姐妹四人盛装登台,为师生们献上了一出精彩的歌舞表演。

张丽珠姐妹四人之所以能够这样全面的发展,一方面是主要面向中产阶级子女的学校采取了开放、多元的办学方针,另一方面还是因为家庭的影响。

搬到上海之后,张耀曾执律师业,同时在高校兼课,收入颇丰,家中生活条件很好。母亲赵玟的身体状况不好，长期在家养病。家中事务主要仰仗三姑张佩芬打理，四姐妹管她叫"爸爸"，每次放学回家后进门就叫"爹爹、娘、爸爸"。

张耀曾很重视家庭生活和四姐妹的教育。按照当时一般人的看法，无子是一种不幸，但他却很想得开：

"家母时以无子为言，府君笑谓家母曰：'此世俗之见也。以言效忠社会，则女贤胜于不肖之子；以言继承血统，则子与女何异焉？无子，以女传可也，何戚戚为哉？'故于不孝等教育，不因女子而少忽，时诫不孝等曰：'我不愿尔辈为寻常女子，愿尔辈于家国、于人类为有用之人才。'"

因此张耀曾平时极注意对四姐妹的言传身教，曾于1935年专门写一条幅勉励她们努力成才：

勉四珠女儿

极乐美四方	崇美赞天国	只在生活里	冥想胡可得
本在此心中	莫向身外索	倾心爱众人	相爱不相角
只在现世间	世外不可捉	我亦受众爱	身心自感格
悉心养众人	相养不相剥	我亦受众养	身心同快乐
相爱求深纯	相养求精博	辛辛尽吾时	不知有穷过
恳恳尽吾能	不暇问收获		

深纯复深纯　人类一体不可脱

精博复精博　森罗万象任挥霍

相爱相养日辉煌　是为人生之正辙

唉兮极乐兮西方　崇美兮天国

巍巍赫赫在其侧　巍巍赫赫在其侧

1936 年 7 月 15 日，张耀曾又训诲四姐妹，"勉其作非常人，故立志要高、用心要专，不可贪玩，不必在校外与男朋友来往，以免分心而近危险"。除言语训示外，张耀曾平时经常找机会让四姐妹外出运动，比如远足、打网球、游泳等，他还曾带着夫人、女儿一起到中国灌音公司录制唱片，为赵玟庆祝五十生辰。

在这样的家庭里，姐妹四人颇为自足，生活、学习均在一处，喜乐纷争，形形色色，形成了各自不同的性格特点。惠珠在高中毕业时曾写了一篇文章描绘四姐妹在家中的学习与生活：

我们四姐妹

我们坐下来聊天，一张方桌正好坐满；我们要想打网球，很容易就能凑成双打；我们要通过唱歌来消遣，总能组成三重奏，剩一个人来伴奏；我们打开收音机，跳上一曲华尔兹，每个人都能找到默契的舞伴。确实，多一个人或者少一个人都会让我们的生活不那么完美，我们为这个幸运的数字感到骄傲。甚至在很小的时候，我们就认识到了这个优势，我们组成一个"国家"，我们把它叫作"四人国"，还发明了一种属于我们自己的语言，以显示我们的重要。

幸运的是，我们四个人没有哪一个是阴郁的，所以我们一直都很快乐。无论何时，只要我们待在一起，会因为一些毫无意义的事情傻笑，或者为一些鸡毛蒜皮的小事而争论，但是没有这些喧闹，生活就失了光彩。

我的大姐温文尔雅，不管干什么都很安静。二姐总是个乐天派，成天跟好朋友腻在一起。我的小妹让我们捉摸不透，有点喜怒无常，在我们几个里面，她以雄心勃勃、处事果断而受到欢迎。至于我自己，我觉得我是个执拗的女孩，但是我衷心地爱着我所有的姐妹。尽管我们存有小异，但在品味和性情方面大致相同。

性格相似并不是一件好事。当我们急躁的时候，每个人都坚持己见，紧接着就是一场争吵，不过一会儿大家就会相互道歉了。当我们上床睡觉时，谁都不愿意去关灯，这种情况就时常发生。人人都说别人是最后一个上床的，然后就蒙上头，灯就这样亮了一夜。同样，窗户和门也常常开着。早上起来，大家都笑话自己，但是不管怎样，我知道同样的事情还会再发生的。

放学回到家，我们才开始一天最快乐的时光。我们会花很长的时间喝下午茶，因为这是享受美食的时间。妈妈给我们准备了等份的食物。然后，我们围坐在桌前，吃的放在中间。我们让大姐先吃，然后是二姐，然后是我和小妹。一轮过后，再按顺序来。我们就这样享受下午茶。每当我们这样小意殷勤，我有时候会忍不住哈哈大笑起来。

吃完东西，我们就要学习了。我们通常在相邻的两个房间里学习。这很有趣，遇到难题的时候，我只需要向外喊一声，一定会有一个姐姐回答我，然后帮我。当我们背诵却又背不下来的时候，就会互相埋怨。有一次，我们都在朗读，我对妹妹说，你声音不能轻一点吗？她说你为什么不能小点声呢？我非常生气，所以就更大声的读。我们俩的声音就越来越高，直到筋疲力尽。我们在解数学题的时候也很好玩。我们分用两张桌子，一个做不出来的时候，就会拼命地去偷看另一个的计算和验算。我记得有一次，我们都笑话二姐做不出来代数题在那儿发脾气。她带着哭腔向妈妈告状，说再也不跟我们一块学习了。妈妈安慰她很长时间。第二天，我们又在一起学习了。

我们开心的时候，对彼此都很好。不管什么时候，只要有一个人哼了一段歌曲，其他人就会跟着唱，歌声回荡在整个屋子里。在家的生活是如此惬意，我时常觉得我们是天使。正因为我们四姐妹是这么亲密，人们常说我们对外人不够友好。确实，我们这么喜欢彼此，常常忘了周围还有其他人。人们常说，"四颗珍珠颜色各不相同，但同样耀眼夺目。"每当我听到这些，一种幸福感充满心田，并因此感恩。

张丽珠也曾无比怀念地回忆：

"冬天晚上在上海家中的小客厅里，我们全家坐在一起听音乐，这宝贵的时光是多么温暖幸福呀！以至于我舍不得回房睡觉，却不知不觉地躺在母亲的腿上睡着了。父亲拍着我，叫我'小佛爷'。"

求学之路

转学与毕业

1935年秋季开学的时候，张丽珠和三姐一起转学到上海工部局女子中学。这所学校由上海公共租界工部局创立于1931年，是专门为纳税华人家的女孩开办的。起初，学校租用校舍办学。1935年工部局在星加坡路星加坡花园内（今余姚路139号）为女中建造了新校舍，办学条件大为改善。

校舍是新建的三层洋房，式样很摩登，基地也宽广，据说仿照德国最新式的建筑。内部的布置，更是完备得异乎寻常。例如除固定教室以外，有分科的教室。每教室的后部，附一间学生衣帽间。玻璃窗装置很特别，开了窗，无论怎样的狂风，都不会直接吹到学生的身上，即使严冬的季节，窗门可照常开着，空气自然不会污浊了。黑板淡绿色，不伤害眼睛。其下有橱窗，供学生放置参考书。讲台偏在左边，不妨碍学生的视线。

学校的操场很大，体育设施极为完备。良好的教学设施吸引来更多的学生，张丽珠回忆往事时半开玩笑地说："听说他们学校那边有游泳池，我特别想到那儿去，结果转学过来之后才知道没有。我们就到青年会去游泳，特别想去游泳。"虽然不能游泳，但转学来这里还是很值得的。学校硬件设施太好，以至于来参观的英国教育代表团说："It's too good for Chinese girls！"这话大大伤害了同学们的自尊心，促使大家更加努力进取。师生们共同努力，使得工部局女中迅速成为当时上海顶尖的中学。

学校在课程设置和教学水平上在当时也是要求比较高的。从建校起，学校就确立了较高的标准：

租界中工部局所设立之五中学，其课程另由工部局教育委员会派一分委员会从事研究，其各个教学用语之步骤，在初中各级中，中文英文，各半应用。在高中各级，则三分之一用中文，三分之二用英文，与教育局所规定者适得其反。

在张丽珠的记忆当中，当时的学校里"是以英文为主，我那时候进去大家都会说英文"。到毕业的时候，很多同学已经能写一手漂亮的英文文章了，张丽珠甚至写了一首英文诗歌来表达对中学校园的赞美和留恋。

当时学校的校长杨聂灵瑜女士系统学习过教育学，同时又是一位富有经验的实干家。她很重视师资质量，聘任的英文教师必须用英语上课，用新出版的英文原版小说做教材，为学生提供原汁原味的语言训练。晚年的张丽珠仍对当年的英语教师钱丰格有很深的印象。

除英文外，其他各门课程的老师也大多是名校出身，或有留学背景，教史地的李美德是燕京大学学士，教国文的钱青毕业于奈良女子高等师范，是小有名气的文学家……

老师们平时要求严格，但也并不总是高高在上。张丽珠回忆说：

"我们上台学老师训人，老师不但不生我的气，还高兴地说：'张丽珠还会骂人，骂人也有骂得好的，骂得不好的。'"

除此之外，同学们有时候还给老师起外号。教数学的王承诗为人严厉，害怕数学课的同学都管她叫"王老虎"；教体育的陈咏声平时跟同学们打交道最多，她一头短发，面容黑瘦，大家都管她叫"茶叶蛋"。每一届学生都知道这些外号，这也成了工部局女中同学们的小传统之一了。晚年张丽珠提及此事，尚且津津乐道。

除了课业上的严格要求外，工部局女中还注重通过各种手段来培育学生独立自主的意识，批判传统道德，重视民族意识、社会责任感的养成和学生表达能力的锻炼。每天早上上课之前，所有学生要宣读如下誓词：

"我们在师长教导、同学督促之下，努力学业，遵守校规，刻苦耐劳，友爱亲睦，培养勇敢进取的精神，锻炼强壮健全的身体，服膺'非以役人、乃役于人'的校训，肩负救国的责任，向着光明的前途猛进，谨此宣誓！"

除此之外，更为直接而有效的措施是新闻报告会制度。每周四上午十一点，全体同学伴随着钢琴弹奏的进行曲在礼堂集合，每次有三名同学报告新闻（包括国际新闻、国内新闻、社会新闻），报告人和每周的主席是轮换的，确保每位同学都有担任主席和报告人的机会。这种制度既锻炼了学生的表达能力，同时在讨论时事的过程中，也增进了同学们对外界事物的兴趣，培养起对民族、对国家的忧患意识，由此奋发上进。

作为女中，学校在思想教育上很重要的一个方面是批判传统道德，使学生摆脱依附心理和不自信，逐渐走向自立自强。学生们组织了小剧团，经常排演话剧，有时还到社会上公演。张丽珠一般是扮演男角，英姿飒爽，非常漂亮。

易卜生的戏剧《玩偶之家》风行一时，引发了大家热烈的讨论，国文老师钱青组织大家读与妇女相关的中外文学作品并写文章讨论。张丽珠就萧伯纳的《华伦夫人之职业》写了篇读后感，在其中说道：

"……《华伦夫人之职业》所叙述的纯粹是妇女问题。他的鼓励妇女反抗和易卜生的《娜拉》大同小异。有人说：易卜生是诊断病源不开方子的医生，萧伯纳是诊病开方的。那么，这本《华伦夫人之职业》可算是出走后的《娜拉》了……"

家庭的熏陶和学校教育的结合，确立了张丽珠自尊自强的性格。她在毕业时写的一篇短文清算了压迫妇女的旧道德：

中国古代有很多妇女英年早逝，这一点在那些以美德闻名的女子身上尤其突出。在过去，甚至到我们的祖母生活的年代，年轻女子依旧处于不幸的地位。要求女性具有勇于奉献和自我牺牲的精神，不仅是一种信仰，也是男性在心理上根深蒂固的执念。成为一名有德行的女子，要遵从"三从四德"。"三从"是未嫁从父、出嫁从夫、夫死从子。如果严格执行这些教条，那必是死路一条。

"四德"与女性自身的仪容和举止直接相关。第一是妇容：着装应当干净、简单、得体；第二是妇言：要娴静少言，但别人跟她讲话时，要温和恰当地回应；第三是妇工，要会纺织、缝纫和刺绣；第四是妇德，对于家人要求的事务，要主动认真地完成。

妇女受到的压迫还不止这些，但她们生活在这些教条划定的牢笼中，毫无怨言。她们被剥夺了学习和享受自由的权利，这两项都是现代人生活中不可或缺的。她们无法接受教育，因为人们认为女子无才便是德。至于自由，对女性来说，那时候还没有这个词。父母吩咐的一切事，女儿都要照做。女孩子7岁以后就要待在自己的房间里，不能和陌生男子在同一张桌子上吃饭，还要时刻保持文静，隐藏自己的情感。最不幸的是，女孩子要嫁给那个由父母选择的男子。如果新郎懂得尊重她，那将是她的福气。如果遇上一个纨绔子弟，那也是她的命，也要服从，"夫唱妇随"。

难怪那些据说极有德行的女子能得到一座石牌坊，或者朝廷的诰命头衔。如果一名女子遵从了上面所有的教条，我觉得她只是在那个时期生存过，而没有真正的生活过。她那仅仅以隶属和奴役的身份度过的一生中做出的所有牺牲，岂是小小石牌坊或者头衔所能补偿的！她们所得到的不应当仅仅是石牌坊！

这其中所包含的同情与反思，反映了张丽珠当时在妇女问题上的思想状态。这种对深重压迫下苦难妇女的同情在她后来的经历中得到更深刻的体现。

除了知识和品德的进步，学校还非常注重学生身体素质的提高，配备了各种体育器材，体育课也跟文化课一样，要求必须达到 70 分才能及格。这倒是难不住张丽珠，她在新学校依然是积极分子，在排球队、篮球队、垒球队、乒乓球队当中都是主力队员。毕业纪念刊里关于体育的部分也是她执笔的：

"为了提高对体育运动的兴趣和比赛中的体育道德，我们经常进行班级间的比赛，像垒球、篮球、排球、乒乓球、羽毛球和甲板网球锦标赛。有时候我们也与其他校队打友谊赛。我们很高兴知道女生对体育的兴趣正在迅速提高，而且大家的得分意识也有很大的提高……"

参加了这么多的队伍，张丽珠的日常活动是很繁忙的：每天下午四点要参加垒球训练；组织并参加班级篮球联赛；参加工部局组织的排球联赛，并与全队队友一起夺得第二名，仅次于体校队；参加上海市的各种篮球、排球联赛……

付出总是有回报的，张丽珠得到了出类拔萃的身体素质，这让她在后来的学习与工作中受益良多。

好的条件加上自身的努力，张丽珠在毕业时获评全级唯一的"The All-round Girl of 1937（1937 届全面发展女生）"。对此，同学叶永蓁在毕业纪念刊上为她写的"像赞"是最好的说明：

"无论怎样我总不觉得上帝是偏心的，虽然他把所有的聪明才智都放在她一人的脑海里，因为她实在可爱：不但精体育，长科学，国、英、史、地、歌唱称万能；还长着一副英俊豪伟的脸，曾倾倒无量数的美人、忌煞百万千的勇汉，当她做戏扮男角的时候！"

毕业了，张丽珠投考了中央大学的航空工程系。在当时，这对一个女生来说，显得有些疯狂，但事出有因。从她个人来讲，无论在家里还是学校里，她受到的教育都是男人能做到的，女子一样能够；从当时的社会来说，面对日军的步步紧逼，尤其是受 1932 年淞沪抗战时的空战场面的刺激，"航空救国"的思想得到很多人的认同。中国航空协会在上海成立之后，开展了一系列宣传推广工作，在社会上声势颇盛，各大中学校也都受到影响。工部局女中教师王世柏写了一篇"航空浅说"，发在校刊上，其中说道：

"中华民国五、六年间的世界大战，飞机就已成为作战武器最精利的一种，到了现在更重要了，一个国家的胜败及存亡，大半要取决于空军实力的优劣了。"

受爱国心以及与男性竞争的思想影响，张丽珠决定去学航空工程。她的同学谭素贞这样评价她：

"像喜欢历史上的女英雄花木兰一样，我们喜欢张丽珠同学。我们不止一次听到丽珠宣告她不但要当女儿，还得当儿子，因为她没有兄弟。其实丽珠没有男孩子气，但是当她在话剧里扮演男角的时候，她就化身为真正的绅士，高大、坚毅，而且潇洒；在平时，她是文静、和气的淑女，成绩优秀，举止有节。我们很高兴跟丽珠成为同学，因为她是一个至真至善的人。有朝一日，当她成为飞得最高的飞行员的时候，我们会为她感到骄傲的。"

张丽珠自己也回忆说：

"我当时受到'航空救国'的影响，所以就想将来自己不仅能够造飞机，还要开飞机，自己很想当一个飞行员。所以一毕业有考试，我满处查看，看哪个地方对我最合适，就看见南京的中央大学有航空工程系，我就报考了。"

在考试前后，张丽珠作为一员体育健将，参加了第七届全国运动会上海女排队的训练。一切进展顺利，但随之而来的战争打断了这一切。

借读与家变

1937年夏天，张丽珠一边自信满满地备战全运会，一边对搏击长空满怀憧憬，忙碌而充实，带着一点即将开拓未来的激动。

可就在7月7日，日寇挑起卢沟桥事变，全面抗战爆发。8月开始，日本人频频在上海挑衅。到8月13日，按捺不住的敌军发起了对上海的全面进攻，第二次淞沪抗战开始。上海各界人士各尽其能，倾力支援前线。张家避居租界，在战火中几度辗转，得以暂保平安，但张家人无时无刻不关注战局进展，既对敌人的凶残和无耻感到愤怒，又因国家前途命运未卜而忧心忡忡。国民政府在南京组织国防参议会，张耀曾被列为参议员。他因对政治失望而退出政界多年，国民政府高层多次征召而不就，此时觉得"国难至此，不容不出"，遂就任参议员，由于身体原因不得不滞留上海，组织学会研讨制敌方略。

战火纷飞之中，9月9日，《申报》发布了中央大学的新生录取名单。张丽珠如愿以偿地被工学院航空工程系录取，而且是该系唯一的女生。当时局面非常混乱，早在8月份，中央大学就已经开始着手迁往大西南，要去学校报到需要费一番周折。此时日军飞机经常深入内地狂轰滥炸，兵荒马乱，路上也不太平。张家人实在不放心让张丽珠一个年轻女孩孤身踏上前途未卜的大学报到之路，尤其是她一直生活条件优越、从未出过远门。父母都坚持让她留在相对安全的租界里，她也只好从命。

张丽珠报考并被录取的另一所学校东吴大学也已迁往内地。此前，9月7日，国民政府教育部颁布了战区学生借读办法及容许借读学校。根据该办法，张丽珠以东吴大学新生的身份申请并于10月进入暨南大学物理系借读。

战火初起时，暨南大学真如校区就被夷为平地，该校遂奉教育部令迁入公共租界继续办学，教学场地、设施都得不到保障，外界传来的一个比一个糟的战事信息，更是雪上加霜。

11月12日，上海沦陷，租界被日军包围，正式成为"孤岛"。三个月来处于抗敌激情中的人们一时难以接受这种反差。

上海失守后，年末又传来了华北即将在日本人卵翼下组织傀儡政府的消息，张耀曾听后叹息："在日人铁蹄下，焉能成立独立自由之政权？"因此感叹"时局至此，如余者实不应再留沪上，然身体太差……真无可奈何也！"

就在这样恶劣的外部环境和教育条件下，张丽珠仍然坚持认真学习，在1938年1月学期结束的时候取得了相当好的成绩。此时局部战况已定，南京已然陷入敌手，对她来说启程去内地读书是不现实的，也不能一直做借读生，因此她必须做长远打算了。

所谓长远考虑，一方面是要找一所更稳定的学校，但更重要的还是对专业的选择。航空是学不了了，严酷的环境使得张丽珠不得不面对现实。其实，当时接受高等教育的女子就业面是很窄的：妇女生活，下等妇女大部分或在工厂做工或在家做工，多有入息；中上等妇女除医生教员外都没职业……

要从今后的就业与发展来说，女子学医还算比较好的出路。经过考虑，张丽珠决定走这条路。当时上海学医的去处有国立上海医学院、同德医学院、圣约翰大学医学院等几所学校，综合考虑各校的优势，加上中学时候的很多同学都去了圣约翰大学，张丽珠决定大一下学期转到圣约翰大学去读医预科。

转到圣约翰大学之后的半年里家中发生的变故增强了张丽珠学医的愿望和决心。战事初起时，张耀曾即已疾病缠身，此后因战事不利而焦灼不安、耗费心神，一直未能大好。1938年年初，他在日历首页大书"民族复兴"四字，以之为"今年之最大愿望"。3月，撰写《孤岛上我的决心和态度》，明言"不误国、不卖身、不做官、不见日本人""以中国独立为唯一目标、运用心思和能力"。7月，张耀曾突发重病，竟然不治。张丽珠姐妹几人口述的讣告详细记录了当时的情形：

本年七月十九晚，忽感寒冷，肠胃不适。翌晨，体温升至三十七度九，亟延许世芳医士诊视，初认为感冒、消化不良，嘱进蓖麻油。泻后体温益增，验血有伤寒菌，遂断为伤寒症，但检大小便，又无菌状。复延吴旭丹医士同诊，亦疑莫能定，取血去。府君体温日增不已，但别无痛苦与险状。二十五日下午，升至三十九度六，经许医士施行灌肠，冀减热，反升至四十度二，医士谓此为伤寒应有过程，并未言已濒危殆。傍晚，吴医士来诊，谓验血结果无伤寒菌，但热度病状殊相类，不敢断为何症。是夜三时前，府君神识尚清，家母视疾在侧，已数夜未眠，府君犹屡促入别室安息。其后渐入昏迷状。二十六日晨，体温升至四十一度，脉搏亦微，不复能言。许医士为通小便，热不少减，吴医士继至，相互讨论，疑为回归热，复取血检查，并注射葡萄糖液及大量盐水。医甫去，手足忽起痉挛，病象突变，吴、许两医士均不在，急延沈、刁、黄诸医士来诊，皆束手无策。延至午时，竟弃不孝等而长逝矣！

病势沉重之时，张耀曾仍牵挂着武汉会战的战况，意识稍有清醒时便问道："汉口无恙否？"父亲的去世对张丽珠是一个沉重的打击："父亲去世后，我第一次走在门外马路上，感到世界怎么换了样。"父亲生病治疗过程中的种种不尽如人意也坚定了她学医的志愿：

"不久我就巩固了学医的想法，因为我父亲有病，没有得到满意的治疗，他的去世对我触动很大。我就想要做一个好医生，就坚持学医了。"

父亲在张丽珠的成长过程中发挥了极大的影响，对她的品格、处世、生活习惯的养成起了关键作用。

无子在当时很多人看来是一种遗憾，张丽珠回忆说：

"我父亲去世之后，很多人送了挽联什么的，有一副好像意思是说：'你现在走了，最可惜的就是你只有四个女儿。'我看了这副挽联后耿耿于怀。"

这成为一种动力，时时激励张丽珠准备今后实现父亲遗愿，她更加努力地去完成学业，争取有所造就，为父亲争光。

烽火岁月中的医学启蒙

在圣约翰大学学医

1938 年 1 月，张丽珠以借读生的身份，入圣约翰大学文理学院一年级读医预科。读毕一学期后，9 月，她通过严格的考核，正式转学至文理学院医预系读二年级。

圣约翰大学在当时颇负盛名，教学条件一流，入学与毕业均极严格，因此其毕业生在社会上广受认可。有人总结其地位说：

"无论从历史还是从声誉上来看，圣约翰大学无疑是旧中国一所著名的高等学府。就创办年代而言，圣约翰大学不仅是西方基督教会在华创办最早、历史最久的教会学校之一，而且是国内第二所提供正式高等教育的教会大学。就知名度而言，圣约翰大学堪称'江南教会第一学府'，在某些圈子里甚至被誉为'东方的哈佛'。"

该校的医学院发端于 1880 年创设的医科。1914 年圣约翰大学校方通过与美国宾夕法尼亚医科学会协议，将广州宾夕法尼亚医学院与圣约翰大学医学院合并，改称圣约翰大学宾夕法尼亚医学院分部，简称圣约翰大学医学院，由莫约西（J. C. McCracken）出任院长，学生毕业时的学位证书上均注明 "Saint John's University Medical College being the Branch of Pennsylvania University Medical

College（圣约翰大学医学院为宾夕法尼亚大学医学院之分部）"。从 1906 年开始，圣约翰大学医科的最低入学要求已达到美国 A 级医学院的入学要求。

据曾任医学院院长的倪葆春回忆，张丽珠就读时，该院的学制与课程如下：

圣约翰书院于 1906 年改为大学后，开始授予毕业生学位，医学院改为 7 年制。这个 7 年制，大体上说来是高中毕业后在医预科学习 2 年、医本科学习 4 年和医院实习 1 年，毕业后授予医学博士学位。至于课程设置则常有变动，到了 1929 年以后才比较稳定。7 年制的课程和学位有两种不同形式的安排：第一种，如果仅欲得医学博士学位，则在医预科修满 2 年化学、1 年生物学、1 年物理学和 2 年大学英文，加上医本科 4 年及医院实习 1 年即可；第二种，如果要同时得到理学士和医学博士学位，则医预科的要求就比较高，必须修毕化学 2 年、生物学 1 年半、物理学 1 年半、国文 2 年、大学英文 2 年、心理学 1 学期、体育课 2 年、宗教课 2 年。也就是说，修毕大学 2 年和医本科 2 年即可得理学士学位，待修毕医本科全部课程和医院实习 1 年又可得医学博士文凭。以上两种安排，虽然医预科的要求稍有出入，但是医本科的课程则是一样的。这种 7 年制的特点是：一、基础科学多，二、医学基础课学时多，三、内科学和外科学学时多，四、公共卫生学学时多。这些是好的一面，同时缺点也不少，例如妇产科和儿科学时少，有些课程分得太细，以致缺乏系统性和重复过多等。况且全部课程都是用英文的，在实际临床应用上会产生困难，虽然有 64 学时的中国医学术语，但还是不够的，与病人缺少共同语言。

张丽珠选择的是同时拿理学士与医学博士学位的课程安排。在完成两年的预科学习后，"必须经过严格考试，所有科目都要达到 85 ～ 90 分以上才有资格进入医本科，继续医科的学习，否则就被淘汰改读其他学系。"她通过考核，于 1939 年转入医学院一年级学习，迎来了更加繁重的课业。

医学相关课程都包括实习在内，临床类的课还要进行临诊讨论，四年下来，总计要修 5460 学时的课程。医本科一般使用最新的外文原版教材授课。有学生回忆当年的苦读情形：

"不少住宿的同学不会忘记，在冬天每晚十点宿舍熄灯后，披着棉被，在昏暗的走廊路灯下继续背课本内容的情景。进入医学院本科后第一遇到的难关就是通过解剖学这门课，多年来执教这门课的是张光朔教授，他治学严谨，对学生的要求特别严格，有不少学生因不能及格过关而被淘汰。所用的课本 *Gray's Anatomy*，是每一个医学院毕业生印象最深刻的课本之一。"

英文教学是圣约翰大学的传统：在圣约翰大学里，像章程、通告、书信等都是用英语书写的；同学们相互交谈也是用英语；教师讲课更不用说，不论中国或外国教员全是用英语。

张丽珠对自己在圣约翰接受的医学教育很满意，觉得与同期美国的医学教育相比没什么差别。当时医学院教师专任的很少，尤其是临床课教师几乎全部是由开业医师兼任的。他们的优点是临床经验丰富，同时能给学生提供较好的实习条件，但同时对学生自学能力的要求也高：每个教师所担任的教学量不多，而且教师对学生的要求总的说来是严格有余、辅导不足。也就是说，每门课程是否能及格，主要依靠学生自己。

在这样的情况下，医学院的淘汰率是很高的，"由医预科 200 ～ 300 人淘汰至 40 人，而这 40 人中也很难全部能坚持到毕业。"圣约翰大学医学院 56 年的历史中，毕业生总数仅有 466 人。

张丽珠是 1939 级医学院学生中的佼佼者，她在医本科阶段的成绩，除第一学年为全班第二名外，其他三年均为第一。张丽珠的聪明是全班公认的，她自己也说：

"每次发回来的考卷，我觉得很容易读的。我根本课后就没有再去读它，可是我记得很牢。所以我的考卷上面都写着'Excellent'。老师总是抬头看我，好像那种比较惊喜的表情，觉得我考得挺好。"

虽然学习本身对张丽珠来说没有太大压力，但在当时外敌入侵的大环境下，学业与生活也并不轻松。

非常时期的校园生活

淞沪会战爆发后，圣约翰大学迁往公共租界的南京路大陆商场（慈淑大楼）办学，租了十几间房，后来扩充到二十几间，供全校师生及圣约翰中学、圣玛利亚女中教学所用：

"由于人多屋窄，只好采取轮流上课的办法，大学上午上课，中学和圣玛利亚女中下午上课，拥挤之状，可以想见。"

张丽珠的医预科学习就是在这里完成的。当时，张家住在法租界，她每天早上先坐三轮车到静安寺，再坐电车才能到上课的地方。

　　这种局面大概持续到 1939 年，此时张丽珠已正式进入医本科学习，圣约翰大学也搬回梵王渡校区办学。医学院在位于白利南路的兆丰花园对面开办，与同仁第二医院在一起，这里原本是国立中央研究院的房屋。张丽珠的很多课是在这里上的。

　　当时的老师里，她印象比较深的有黄铭新教授。黄铭新 1934 年在圣约翰大学获医学博士学位，1936 年赴美深造并获科学博士学位。1939 年出于爱国热忱，认为不应贪恋一己安逸，回国到母校任教，担任内科正教授。

　　由于日美关系日趋紧张，美籍教师相继返国，所以师资缺乏。另外，医学院的环境和条件十分恶劣。黄教授不避危难，挑起重担，全副精力都投入医学院工作中。举凡一时聘请不到师资的课程，只要他能胜任，他都一一承担。他先后教过内科学、临床化验学、细菌免疫学及寄生虫病学。为了教好这些课程，他经常备课至深夜。他认为，事情总是要人去做的。工欲善其事，必先利其器；致力于科学人才的培养，未来事业就有指望。

　　正是因为有这样的教员，医学院的教学才得以维持。张丽珠也分外珍惜这得来不易的学习机会，她后来回忆道：

　　"在日军占领的那些年里，我以学业为重，没有卷入任何政治或宗教事件……男生们也带着敬意在彼此间谈论我：'她像石头一样顽固坚硬。'"

这里特别提到男生们的评价，固然是因为这是一次妇女会议上的讲话稿，但也跟当时圣约翰大学以及社会的风气有关。起初，圣约翰大学是不收女生的，直到20世纪30年代中期，校内仍为是否招收女生而辩论。1936年春季，校内英语辩论决赛辩题就是"本校应否男女同学"，结果正方胜，理由之一就是可以"因竞争心而提高学业质量"。当年，圣约翰中学的姊妹校圣玛利亚女中毕业生申请入学，获得批准，由此圣约翰大学开始收女生。因此，1937年开始读大学的张丽珠算是该校比较早的女生之一。

男女同校之后，性别间在学业上的竞争引起了广泛的关注。在男性一方，虽然口头上未必说，但很多人骨子里仍是轻视女子的；在女性方面，则因长期以来受到压制所产生的不平之气也要有一个出口。竞争的结果，女生们在学业成绩上居然经常能压男生一头。张丽珠是一个很好的例子，但并不是个案。与她同在"孤岛"上海学医的一名女生曾于1941年给大后方的医校女同学写过一封信，其中分析了女生的优势：

"每次考试，我们女同学都占着优势。能够占着优势的缘故，有这几点：

"A. 我们能把握住'静'，经常的准备，不像男同学在接近考试的时期，才手忙脚乱的紧张起来。

"B. 我们女同学间比男同学有联络。男同学和男同学间，互相竞争，他们除掉想占着我们女同学的'上风'以外，还要和他们自己的同性竞争。我们女同学，大体上感情都很好。"

张丽珠虽然以学业为中心任务，但曾立志"航空救国"的她如何能完全不闻窗外事。只不过经过家庭变故之后，她不再迷恋冲动的口号，而是将所有决心化作上进的动力。

专心做事的时候，时间总是过得很快。转眼到了1941年的夏天，张丽珠读完了医本科的二年级，拿到了理学士的学位。6月5日，学校举行了隆重的毕业典礼。

对医学生来说，拿到理学士还远不是终点。这之后还有两年的课程、一年的实习。参加完毕业典礼，张丽珠很快重新投入学业中去。到了年底，形势又发生了根本的变化。1941年12月7日，太平洋战争爆发，日军随即进占上海租界，"孤岛"彻底沦陷。圣约翰大学也落入敌人的直接控制之中：

"学校在风雨飘摇中挣扎……到底能活到几时，只有听天命、尽人事。敌宪不时到学校找麻烦。上海是个国际性的都市，敌人无耻的暴行，在表面上虽还少见，可是高中学生已被迫学习日语。大学里日语也成了必备的选科……"

好在张丽珠作为高年级学生，已经修完了外国语，不用被逼着学日语。此前在"孤岛"时期，她基于喜欢运动的习惯，还经常参加一些排球、篮球类的联赛或是慈善募捐赛，太平洋战争后她连球赛也不参与了，只是埋头学业，每天上完课即回家。不变的是，她的成绩依然是班里最好的。

实习与就业

完成医学院第四学年的课程后，1943年下半年开始，张丽珠到上海红十字会第一医院进行了为期一年的实习。这次实习令她终生难忘，她开始从一名医学生向医生转变。她对当年查房的情景记忆特别深刻：

"实习的时候就到红十字会医院，那个时候是在上海。实习的时候就是查房，我每次就是管一个病人，就对这个病人的情况特别明了，当时是陆院长兼内科主任，每周一次内科查房。我自己对病人做实验，做小便、血、大便的化验，所以对病人的事情了解的特别清楚。查房的时候，陆院长在我对面，我就在床边上跟他讲解病人的情况。我对病人非常了解，从来不看病历，他问什么，我回答得很清楚。"

这里所说的"陆院长"有误，实际应该是指乐文照医师，他当时是上海红十字会第一医院的院长兼内科主任。张丽珠在他手下学到不少东西，除了业务上的，更重要的是工作态度上的：

"我初步认识到一个医生的一生，没有一时一刻能脱离自己的医疗工作。不论日夜，随叫随到。不能有半点疏忽。这是医生的职责。人的生命是最宝贵的。医生手中把握着人的健康和生命。"

正是从这个时候开始，张丽珠才真正意识到，选择医生作为职业意味着什么。此前她一直过着富家小姐的日子，唯一的任务就是学习，但此时她开始了身份上的转变。

完成实习之后，张丽珠终于从医学院毕业并获得医学博士学位。毕业典礼在梵王渡校区的交谊厅举行：

"1944年夏回学校行毕业典礼，穿着博士衣、带着博士帽坐在下面，突然听到张丽珠的名字被叫，原来是领取当年最优秀毕业生奖（The Best Graduate of 1944）。

会后她的母亲、姑姑、中学校长都来向她祝贺。"

毕业之后，马上面临工作的问题。当时她有两个方向可以选择，内科或妇产科。她本人原是很喜欢内科的，跟随乐大夫实习的时候双方也有比较好的交流。最终她选择了妇产科，用她自己的话说：

"当时对妇产科也不怎么了解，我觉得内科挺好的，乐院长他们都挺喜欢我的。可是我觉得我作为一名女医生，做妇产科比较合适。"

不过，在 1980 年的一次讲话中，张丽珠曾提及：

"在选择工作领域时，我了解并认真考虑了作为一名妇女在社会上的优势和劣势，最终决定在妇产科领域工作，以便为妇女福祉而努力。"

张丽珠的女儿在谈及这一选择时提道：

"我小时候问过她，她也不止一次跟我说过，她觉得要为妇女做些事情，因为妇女经历生孩子的过程，是男人没有过的、特别的痛苦。她要为她们做点儿事……她有这个想法就这么去做了。"

当时选择妇产科作为工作方向，还有一个重要决定因素是张丽珠所去的工作地点。当时，家里人顾虑家庭背景，不放心让她自己出去找工作。于是，三姑就托一个朋友帮忙介绍张丽珠去王逸慧医师的沪西产妇科医院担任住院医师。王逸慧本来就是圣约翰大学的兼职教师，曾教过张丽珠的妇产科学课程，因此这份工作还算合适。沪西产妇科医院建立于 1936 年，是一家小型私立医院，有十几张病床。张丽珠回忆在这家医院工作的经历时说：

"他（王逸慧）那儿收了很多病人，有不同的病房。所以他白天动手术，出外去会诊，我老是跟着他，他上手术我跟着他，他出诊骑着车，我也骑着车跟着他，我们都出去看病……反正我就跟他学技术，我的确学到很多。"

纸上得来终觉浅，张丽珠在跟随王逸慧医师看门诊、上手术的过程中不断积累经验，成长很快。外部环境也在不断变化，1945 年，抗战取得胜利。1946 年，随着中美通航，张丽珠准备像无数前辈那样去国外留学，以拓展自己的知识结构、提高自己的业务水平。

远渡重洋的学术追寻

奔赴大洋彼岸

民国时期，虽然在国内的少数高校里已经能接受到不逊于西方发达国家的高等教育，但若要做学术研究、涉足本领域的学术前沿，学子们还是要远渡重洋，去欧美国家留学、进修。张耀曾去世的时候，专门为女儿们留下了一笔钱作为出国深造之用。

1941年，大姐宁珠和二姐馨珠大学毕业后去了美国。她们乘坐的是珍珠港事变前赴美的最后一班轮船。随后，太平洋战争爆发，家里就与她们失去了联系。同时，由于战争的隔绝，张丽珠和三姐惠珠在大学毕业后没能随即出国深造。

1945年，抗战胜利后中美间的交通也逐渐得以恢复。这一年，二姐夫伍汉民因公事由美国回国，带来了大姐、二姐的消息。原来馨珠近年化名张诵音，在"美国之音"电台做播音员，从事反法西斯的宣传工作。家人赶忙打开广播，随即就听到她的声音，胜利后的欢欣鼓舞又增进一层。

这时，张丽珠和三姐惠珠的留学也被家里人提上了日程。三姐联系了普渡大学，而张丽珠则在王逸慧老师的帮助下联系了衣阿华大学。就在两姐妹即将成行的时候，家里遭遇了一件不幸的事情。母亲赵玟身体向来不好，父亲去世后一直未能复原，在一天夜里心脏病发作，于睡梦中安然逝去。

1946年9月，姐妹两人辞别三姑和诸多师友，乘坐"梅格斯将军号"轮船前往美国。受多年战争的影响，国内滞留了一大批像张氏姐妹这样有意向、有能力出国深造的年轻人，同时国民政府为了给战后重建培养人才，也为大家提供留学渠道和经费支持。闸门放开，大家各行其道，或公费、或自费，或留学、或进修，纷纷扬帆出海，因此同船的年轻人很多，大家心中充满对新生活的兴奋和对光明前景的企望。张丽珠曾经回忆船上的情景和同船的人们：

"那时我们坐的统舱是三层床铺，我睡在最高一层。每日三餐，我们排着长队，拿着盘去领饭菜，吃得很香。船上有不少等待了几年想去美国深造的年轻人。1944年我从上海圣约翰大学医学院（附属于美国宾夕法尼亚大学）毕业获医学博士学位，已行医两年。张惠珠1941年从上海交通大学毕业，我们都获得了美国方面的资助。和我很熟悉的有同班同学唐迪医师和他的未婚妻杨惠，还有圣约翰大学建筑系毕业的李莹，也是我们卫乐园的邻居。大家聚在一起，说说笑笑，非常热闹，甚至引来了一些美国船员也来凑趣。我们对异国他乡的生活和学习虽然都不清楚，但对未来充满了美好的希望……船上还有其他大人物，冯玉祥将军躺在甲板的躺椅上，他和他的秘书还和我们聊了很多话，因为他们都认识我父亲。还有紫金山天文台的张钰哲，我常和他在甲板上散步，才知道船上还有头等舱和特等舱之别。上船时次序很乱，总算最后我看到我的大铁箱子被吊上了船，是我的同班同学张矩槐帮了大忙，这大铁箱子陪我度过了多少年的风风雨雨呀！岸上来送行的很多，一方面也是观光，因为后来他们大都在1948年前后来到了美国，后来张矩槐在哥伦比亚大学医学院的放射治疗科担任主任，我们在美国见了面。13天工夫我们乘坐船只横渡太平洋，直达旧金山。晚上抵达金门桥下，船停了一晚。大家都跑出来看，那远山及桥上的灯火，是多么令人兴奋呀！"

当时同船的年轻人中，有一位后来成为和张丽珠相濡以沫的伴侣，他就是唐有祺先生，在当时他们彼此对面不相识，下船后便各奔东西。命运中的诸多偶然与巧合真是令人觉得意趣无穷、感慨万千。抵达旧金山后，船停了一晚，大家稍作休整，同时接受入境检查。

第二天清晨大家带着行李登陆，二姐张馨珠夫妇在岸上迎接。三姐惠珠和二姐抱头痛哭，既是悲痛于母亲的辞世，也是发泄多年的离别之思。在旧金山二姐家中住了一晚，第二天二姐夫伍汉民开车带大家横穿美国，向东部进发。在芝加哥的一家旅馆中，大姐来跟妹妹们会合。四珠汇聚，细话别来情景，互诉衷肠，自有一番激动、感慨。

哭过笑过，整理好心情，大家准备按照计划各奔前程。三姐启程去普渡大学，张丽珠前往衣阿华大学。大姐、二姐她们都反对张丽珠去那么偏僻的地方，建议她还是去东部，那边名校众多、大师云集，研究水平更高，机会也更多。张丽珠拗不过，就跟随她们启程往东走，一直到纽约才停下来。大姐家在这里，而且这边著名的医学院和医院也确实多，最终张丽珠就决定在这里进修学习。

博采众长

大都会的机会自然是要多一些，张丽珠很快就对此深有体会。好几次，她在电梯里就能碰见很多此前在教科书上了解到的妇产科学方面的大人物，并同他们有过良好的互动。

虽然大姐家就在纽约，但张丽珠并没住到她家里去，而是很快就决定去哥伦比亚长老会医学中心进修，并住在附近。该中心最早可以追溯到 1868 年，正式创建于 1922 年，是美国历史上第一所综合性医疗中心，历史上曾经对美国乃至全世界的医学发展都起到重要和积极的促进作用，并一直保持最好的医疗质量和最佳的教学方案，开创了许多医学研究领域，在诊断、治疗及医学基础研究等方面取得了不少令世界瞩目的成果，因此在全世界医学界的同行当中广受推崇。

张丽珠是在巴克斯顿医生（C.L.Buxton，1904—1969）的邀请下去该中心进修的。巴克斯顿在医学界是一位传奇人物，他少年时期曾因脊髓损伤在 18 个月里接受 10 次手术，因备受煎熬而立志行医济世。他于 1932 年在哥伦比亚大学获医学博士学位，1940 年获医学科学博士头衔。后来的学者曾这样总结他在学术上的贡献：

"他对不孕症深感兴趣，并对该领域作出了重要贡献，包括内分泌学和临床手术两方面的工作。巴氏钳至今仍在肌瘤切除手术中控制出血时频繁使用。当然，他最为重要的贡献是能够敏锐地抓住学科发展中那些有潜力的研究方向，找到合适的人来从事这些方向的研究。他将诸多学者汇聚在一起，从事内分泌学、胎儿监护和超声诊断方面的研究，并为学者提供在这些领域中进步的机会和研究的条件。"

张丽珠到达纽约的时候，巴克斯顿正在哥伦比亚长老会医学中心从事妇科内分泌学的研究，他四处招兵买马。张丽珠幸逢其会，由此开始涉足内分泌学最尖端的研究。

在参与巴克斯顿研究的同时，张丽珠还努力在附近的几所高校里进修与该研究相关的课程。她在晚年总结说：

"在纽约的纪念斯隆－凯特琳癌症研究中心、纽约大学医学院进修了妇产科内分泌、局部解剖学，在约翰·霍普金斯大学学习了妇科病理和妇科手术。当时我的老师有巴克斯顿、特林德、诺瓦克、伍德瑞夫。"

其中提到的这几位都是妇产科学界的权威人物，有必要做一下专门介绍。除巴克斯顿外，其他几位都长期在约翰·霍普金斯医学院任教。

诺瓦克（E.Novak，1884—1957）的父母来自奥匈帝国治下的波希米亚，其父对他的期望和教育都是要让他成为一名船员。幸亏由于他就读的学校校长的坚持和帮助，他才得以入读医学院，并成为一名卓越的妇产科专家。由于其突出贡献，他于1947年当选为美国妇科学会主席。

他在去世前一年曾对一位来访者说："病理学对我来

说只是一种爱好。一直以来，我日常工作的模式是上午外科手术、下午查房、晚间挑灯夜读，病理学研究只是占用零星时间。"他往往通宵达旦写作，发表过 160 余篇论文，基本都是病理解剖学方面的，以及两部教材：1940 年出版的《妇产科病理学》和 1941 年出版的《妇科学教程》，对妇产科病理学作出了大量贡献。

癌瘤早期诊断是当时医学界关注的焦点之一，在诺瓦克引领下，张丽珠也开始涉足这一领域的研究。让她倍感亲切的是，她在圣约翰大学读书时所使用的妇产科相关教材就出自诺瓦克之手。这也充分说明圣约翰大学的教学贴近世界前沿。

特林德（R. W. Telinde，1894—1989）是另一位张丽珠早已通过教材心生景仰的大师。1939 年，特林德在约翰霍普金斯获终身教授职位。在担任终身教职期间，他在妇产科系开创了生殖内分泌学领域的研究并发表了100 多篇论文，在卵巢颗粒细胞瘤等方面的研究取得一系列成果。他的《妇科手术学》教材一直是这一领域的权威著作。

这一时期张丽珠跟随特林德看门诊、做手术，对于在他手下工作的情形，张丽珠一直记忆深刻：

"我们习惯右手执笔、干工作，用左手伸入阴道做检查，肘部和前臂呈90°，向前探时，以身体前部顶住肘部向前，使前进力量受到控制而右手用来持器械……当我在国外开始工作时，那里的主任教授特林德观察我用左手阴道检查的动作，肯定我的基本训练是正规的。"

能得到妇科手术权威的认可，对张丽珠是很大的鼓舞，从而在手术和相关工作当中更加严格要求自己。

与前面几位相比，伍德瑞夫（J.D.Woodruff，1912—1996）相对年轻一些，但同样是一位优秀的学者，并具有非凡的感染力和组织能力，"充满活力、具有领袖气质，仪表堂堂，待人热情"。伍德瑞夫沿着库伦、诺瓦克和特林德的足迹前行。他的成绩使他们中的每一位都为他而骄傲。伍德瑞夫使妇产科病理学作为一门学科上升到了全新的高度，远远超出了前辈们对他的期望。

正是在大师们的指导下，张丽珠在局部解剖、妇科手术方面获取了大量临床经验，并系统地学习了妇产科病理学、妇科内分泌学的知识。这些都对她后来的工作有极大影响。

忙碌起来，时间总是很快，转眼到了1947年的下半年，张丽珠的学习已经告一段落。她感觉比起在巴克斯顿的实验室里对着兔子做实验，自己还是更喜欢做临床，实实在在地为病人解除痛苦，于是就转到纽约医院的妇产科工作。

张丽珠在纽约医院的主要工作是接生，对张丽珠来说压力不大，心情也愉悦。半年后，她觉得还有余力做一些研究工作，因此参与了纪念斯隆－凯特林癌症研究所的一些工作。该研究所可追溯到1884年的纽约癌症医院，集中了一批世界顶级的肿瘤学家。张丽珠留美期间，正是该研究中心迅猛发展的时期。1945年，实业家斯隆和凯特林为该研究所的医学研究提供了大量资助。1948年，13层的研究所大楼落成，专门用于癌症研究，是当时全世界最大的私立癌症研究机构。

1948年1月起，张丽珠开始在该所从事研究工作。后来创造了巴氏染色法的巴巴尼科洛夫博士当时也在这里工作，从事早期癌瘤的诊断和治疗。这方面的研究在当时已经成为学界关注的焦点之一，张丽珠前期在各校进修时也从老师们那里接受过相关理念和知识。因此，她在相关研究中很快上手，与美国人莱斯利合作写了一篇关于早期癌瘤诊断方法的文章发表在《美国女医师协会杂志》上，并引起了学界的注意。

留学生活丰富多彩

在纽约期间，张丽珠虽然忙于学习和工作，同时也经常参加一些社会活动。她的性格一直比较外向，到了美国的广阔天地，很快就活跃起来。她曾经回忆当时的生活：

"在纽约我就住在哈德逊河边的国际屋，有很多外国人住在那儿，边上有教堂，我常常去做礼拜就是为了听点音乐。国际屋汇聚了很多从外国来的人，我经常到那儿去。"

哥伦比亚大学医学院中国学生很少，但纽约及邻近的城市聚集了大量中国留学生，平时大家往来比较多，成立了很多联谊组织，经常聚在一起交流活动。1947年夏天，张丽珠参加了中国学生基督教协会（Chinese Students Christina Association，CSCA）在纽约附近一个湖边举办的夏令营，她回忆说：

"我很喜欢这次活动，有划船，从船上跳到湖里游泳，有歌咏队，我还参加了乒乓球比赛，边上有观众为我鼓气助威，可是我没有拿到冠军。有时有国内的时事报告，每天定时祈祷。"

当时，国内正在进行大规模的战争，国共双方的对立和斗争是全方位的。为了争取战后重建的科技人才，双方在留学生当中也开展了一系列争夺，CSCA 就是在中共领导下的一个外围组织，曾与留美科协一起积极组织留学生回国参加新中国建设。从夏令营回到纽约市内后，张丽珠还多次参加 CSCA 组织的学习会，由此接触到毛泽东的《新民主主义论》等著作，这些都潜移默化地影响了她对国内局势的认识。后来她才知道，CSCA 的组织者很多是地下党员，比如林达光、陈秀霞、陈晖等。同她一起住在国际屋的中国留学生们经常在大礼堂组织活动，有一次邹德华扮蒋大娘淘粪，背着粪桶翻倒在地，弄得一身臭，以此影射蒋介石，张丽珠认为"他们也真够大胆的"。

英伦两载

就在学业、生活都按部就班、顺利进行的时候，张丽珠突然接到了英国伦敦玛丽居里医院的邀请，请她赴该院做研究工作。原来是她所做的癌瘤早期诊断课题引起了对方的注意，而他们也正要开展相关研究工作急需人才。恰好张丽珠有志于考察英国的社会医疗制度，欣然应邀，于 1949 年 4 月启程赴伦敦。

做了一段时间研究之后，张丽珠还是想继续从事临床工作，于是转到伦敦市东部的海克内医院，在著名妇产科医师道兹女士指导下担任妇产科总住院医师。道兹在当时被公认为"伦敦最好的妇产科医师之一"。张丽珠深深受益于她丰富的临床经验，多年后还能形象生动地追忆当时的典型病例，并在给学生讲课时讲解：

这是发生在50多年前的事件，但却让我终生难忘。1950年的秋天，我还在英国伦敦学习，在医院24小时值班。天还没亮，产房来叫我去。有一个29岁的初产妇，第二产程延长，其他健康状况良好，血压正常，骨盆测量正常，胎儿不大。在硬膜外麻醉下，阴道检查发现胎头已下降到坐骨棘下，是枕横位。我做了会阴侧切，手转胎头，上了产钳。胎儿娩出，立刻大声啼哭，一切都很顺利。我转身处理脐带，忽然听到边上的助产士大声呼叫："快看，快看！"我赶忙回头，原来胎盘已经出来，阴道大出血。我本能地手入阴道，准备搔扒宫腔止血。怎么有一个大包块在阴道里？是个大肌瘤吧？仍在大量出血，血压急剧下降，患者已近休克。赶紧输液、配血，给上子宫收缩药、催产素止血。不对呀！腹部一摸，子宫已摸不到，这才悟过来。原来这位助产士在子宫没有收缩的情况下，用力压下子宫，想使胎盘娩出，结果造成子宫内翻。这时按照我的认识，立刻将手掌托住子宫向上顶、推送，试几次都不成功。患者处于重度休克状态。

　　我急忙和麻醉科联系，将患者送到手术室，按照重危患者监测。一方面，输血、输液，准备开腹手术；另一方面，打电话请科主任来主持抢救。等待主任过程中我进行了会阴侧切缝合术。约15分钟后主任来到，再次进行阴道复位。几分钟内居然使子宫反转，在腹部可以摸到子宫，复位成功。此时按摩子宫，并给予宫缩药。出血停止，血压逐步回升。我即时向主任请教，她是用什么手法将子宫复位的？原来她并不是按照书中所说的，用手掌拖着宫底向上送，而是用手指捏住近宫颈处，将最后脱出部分最先捏向上方……子宫内翻是很少见的并发症，发生在1/（2000～23000）分娩中，主要和胎盘植入有关。如果阴道复位不成功，应当手术开腹，这就是当时我想做的。要在麻醉科等的集体合作下，手术切开子宫后壁，再将圆韧带逐步向上提。本例经阴道复位成功，是宝贵经验。复位应争取时间，休克时间增长将危及生命……

　　这样的经历是宝贵的，能学到真本事，因此张丽珠的记忆格外深刻。在积累了大量临床经验后，1950年10月，张丽珠参加了英国的国家考试。在实际操作环节，考察了产科的基本功——如何上产钳，虽然早已熟练，但是张丽珠做每一步都严谨慎重，决不允许自己有失败的操作。在面试环节，道兹女士是主考官之一。多年努力终获成效，张丽珠顺利过关，获得英国皇家妇产科学院文凭。通过考试后，张丽珠开始研究子宫收缩力和外阴白斑，搜集妇科病例、产科病例各 50 例，准备参加进一步的文凭考试。

在英国的中国人没有在美国的那么多。在英国的医院里工作的中国人就更罕见了，但张丽珠在伦敦倒也认识了两位后来在北京医学院的同事：眼科大夫李凤鸣和研究中药学的楼之岑。

中国人虽然不多，但对中国医生特关心的英国人却不少，其中就有林巧稚的老师麦克斯韦尔（J. P. Maxwell，1871—1961）。麦克斯韦尔曾长期执教于北京协和医学院，因此对中国颇有感情，对留英的中国医学生也颇为关注。他的女儿在剑桥大学的舞会中发现了张丽珠，随即就告诉了他。麦克斯韦尔特地开车来接张丽珠去家中住了几天。

有一次，张丽珠莫名其妙地收到一封信，署名为"Margaret Lee"，说想认识一下、交个朋友。张丽珠认为对方一定是个姓李的中国人，于是及时回信并和她会面，见面时却发现是位金发蓝眼的典型英国小姐。Lee

很善良，是个虔诚的基督教徒。张丽珠虽然不信教，但是有时也去做礼拜。Lee还邀请张丽珠到家中见了其父母，使她在异域感受到不少家庭温暖。

医院的同事间关系也不错。有一位来自波兰的女医生对张丽珠很关心，经常主动找她聊天。伦敦的夏天，白昼极长，张丽珠经常在傍晚下班后和来自澳大利亚的医师瑞安一起打网球。晚年她曾感慨："可惜那时的照片都在'文化大革命'时毁掉了。"

虽然这些都是张丽珠一直珍惜的，可梁园虽好终非久恋之乡，她越来越紧迫地想要回归祖国。

归国报效与学科奠基

不忘初心　辗转归国

1949 年 4 月，解放军渡江作战前夕，发生了英国兵舰"紫石英号"与解放军的冲突。刚刚到达英国的张丽珠为了解最新情况，还专程去过中国驻英大使馆几次。

此后张丽珠虽然"一直集中精力钻研业务，在政治上和社会经验方面还很不成熟"，但她从未停止关注国内局势的发展。在她参加英国国家考试的时候，1950 年 10 月 25 日，志愿军入朝作战。她周围对中华人民共和国不友好的言论和行为越来越多。她回忆当时的情况：

"下午医生们坐在一起喝茶、看报。我看见报上有些对中国不友好的言论，心中很不自在。有一次看见报上刊登一张中国兵投降的照片，回到自己屋中痛哭了一阵。还有一次晚上看学生表演，将中国扮成一只披着羊皮的恶狼。我想不能再在英国待下去了，说不定哪天我会被关进集中营。我想念我的祖国。"

张丽珠的担心不是没有根据的，战争时期将敌国侨民关入集中营的事情在第二次世界大战期间司空见惯。她决定尽快回国与上海的家人团聚。

1951 年 6 月，道兹女士邀请张丽珠去另一所医院工作时，她已决意离开英国。让她意想不到的是，回国的路并不那么好走：

"我去买船票时仍然用的是当年国民党执政时期的护照，船务公司的人进办公室商量了很久，出来对我说'你必须有入境许可证才能够买船票'。我很吃惊，也很生气。回自己的祖国还要什么许可证?! 那时我的三姐惠珠已在1950年年底和姐夫王有辉乘货船从美国回到了上海，我急忙写信托她帮忙。"

等待回信的时候，张丽珠忙里偷闲，和朋友们一起去各地增广见闻:

"这时Margaret的朋友陪我到英国北部湖区游玩，还去了苏格兰的爱丁堡，接着经过英格兰海峡去了法国，还准备从法国再去瑞士，有一天法国地铁大罢工，我走在街上时一个美国兵的吉普车停下来招呼我搭他的车，他曾去过中国，我们一路谈着话。我的二姐夫是美籍华人，也曾在美国部队服务过。这时我倒觉得美国人还很友好。世界真小，在法国还碰到了一位在美国认识的丹麦女医生。她是我回上海后通过使馆给我送来礼物和信息的第一个外国人。在法国突然接到伦敦朋友的电报，催我即回伦敦，因为收到了中国来的电报，我急忙赶回。中国官方的电报没有多少字，通知上写的是'欢迎你回国'。这真是一个决定我一生命运的通知。我惊喜新中国办事的高效率，带着胜利得意的心情购得了回国的船票。"

离开英国前，跟师友们的告别是少不了的。麦克斯韦尔正因病手术住院，张丽珠去道别，他还关照到香港可以去找 Gorden King 医生，到北京可以去找林巧稚。处理完相关事务，张丽珠如期启程，一路归心似箭：

"船经过地中海直布罗陀海峡、苏伊士运河、红海、印度洋。第一站是赛得港。我在那里的邮局发出的信，没有人接到。一路上所到之处似乎越来越穷的感觉。"

一路走来，船上的人越来越少，有些人放弃了回国。尤其是在澳门、香港，很多人被亲友劝阻，便就地留下了。张丽珠也受到了同样的考验。在澳门吃晚饭时遇到一个刚从上海出来的妇女，她表示奇怪为什么这时候回国。船的终点是香港。张家的亲戚也就是伍汉民的姐姐，还有张丽珠在美国认识的一些医生朋友，都来岸边迎接。伍汉民的姐夫是香港的著名华人，曾任首席议员，在当地影响颇大。最后张丽珠决定住在伍汉民的姐姐家。

在香港期间，张丽珠结识了一些名流，其中电影明星胡蝶的丈夫潘有声对张丽珠说："像你这样的人，何处不可为家？"这句话张丽珠根本没有往心里去，就是想回上海卫乐园 7 号的家。虽然在出国前已父母双亡，按说应该毫无牵挂，但她还是坚定地想要回去。

张丽珠去了香港大学医学院，见到了麦克斯韦尔介绍的 Gorden King，还见到了当时的第一位中国人的妇产科主任，同时也是道兹女士的学生和朋友，并在她带领下参观了玛丽医院及一个下属的产院。

游历一番之后，张丽珠按时乘船去广州，经过珠海，第一次看到小船上飘扬着五星红旗，不禁泪盈眼眶，感叹："亲爱的祖国，我再次回到了你的怀抱！"

踏上故土，她面对的是一个全新的环境，即将开始崭新的事业与人生。

新上海、新生活

1951 年 7 月，张丽珠终于回到了上海，与三姑及三姐一家人团聚。几年不见，国内翻天覆地的变化还真让她有点难以适应：

"（途经广东时）省政府人员接待我，他特别注意询问我有没有带无线电设施。这大概是按常规行事，对留学回国人员要怀疑回国的目的。岂知我却是一个政治上非常单纯的人……刚回到上海的确有些不习惯，看见人们都坐在地上、马路边开会，早晚耳边都有响亮的广播……同船出国的李莹比我回国早，得知我回上海了，她来到我家高谈阔论，展现了年轻人的雄心壮志。"

的确，新中国创建伊始，万象更新，人们满怀豪情地要建设一个新世界，正如诗人所说："时间开始了！"政治上、社会上的种种新变化以及各种新名词使人们应接不暇，大家心中充满了对美好新生活的憧憬和建设新时代的动力。

张丽珠也很快投入新的生活。回国不久，她经人介绍，结识了唐有祺先生。唐先生师从鲍林教授，于1950年5月在加州理工学院获博士学位，1951年绕道欧洲回国，8月份抵达上海。晚年时唐先生仍然清楚地记得两人相识的经过：

"她姐姐（惠珠）比她大一岁，我知道她姐姐是学化学的，我们在（梅格斯将军号）船上开过会，其实她的名字我那个时候是不知道的，因为开会也不一定都认识，可是我在船上知道她们姐妹俩是一起的。1951年回国的时候，我到我的大学同学洪家宝家里去，他夫人叫张万里，是学生化的，在上海的一个大学里跟她姐姐一起教书。我一到洪家宝家里，张万里就说：'你回来了，我有个同学姐妹两个也回来了。'我就问什么姐妹俩？她介绍说姐姐是学化学的，妹妹学医的。我说我记得船上有一对姐妹，姐姐跟我们一起开过会。张万里就约了她们跟我见面，我们俩就开始交往，我去清华报到之前，我们俩就已经交往了。"

两人确定了关系之后，9月份唐有祺赴清华大学化学系任教。张丽珠也很快投入工作。自从1950年12月中央人民政府政务院颁布《关于处理接受美国津贴的文化教育机构及宗教团体的方针的决定》后，张丽珠的母校圣约翰大学就与美国圣公会完全脱离了关系，但仍在维持办学，中国籍的教师们也大多在校留任。在王逸慧教授的安排下，张丽珠到圣约翰大学担任妇产科副教授，并在圣约翰大学的教学医院同仁医院担任主任医师。此外，她还在王淑贞教授的红房子妇产科医院兼职。王教授的丈夫倪葆春曾担任圣约翰大学医学院的院长。大家都比较熟悉，有利于张丽珠发挥自己的专长。

1952年年初，唐有祺回上海过寒假，两人于1月18日完婚。考虑到婚后不能一直两地分居，唐有祺的研究方向比较专门，要找到合适的岗位不容易，而张丽珠的工作相对容易找，最后她决定去北京。用她自己的话说，当然"不是嫁鸡随鸡，嫁狗随狗，而是主要考虑作为一名医生，走到哪里都会有事干"，不过后来她自己也说"现在想起来，也许留在上海对我会更有利"。

北医新来的女教师

1952 年初夏，张丽珠辞掉了上海的工作到北京找工作。起初，她准备去协和医学院，于是按照回国前夕麦克斯韦尔的叮嘱去找林巧稚。到了以后才发现，情况跟自己想象的不大一样。

协和已于 1951 年 1 月 20 日正式被中央人民政府卫生部接收，此时正在大规模地肃清美国势力的影响，一方面是思想改造、深挖美帝在协和的罪行，另一方面结合当时声势浩大的反细菌战活动，批判"三美"（亲美、恐美、崇美）思想。张丽珠到协和的时候，该校正在举办"控诉美帝罪行展览会"。

协和医学院的教师们也不知道将何去何从，有些人正联系外调，所以张丽珠来得不是时候。在此时的背景下，高级知识分子的使用和岗位，是由政府统一调配的。张丽珠在这种情况下只能到卫生部去申请工作，并被分配到北京大学医学院附属医院妇产科。

北京大学医学院追溯到成立于 1912 年的国立北京医学专门学校，是中国政府依靠中国自己的力量开办的第一所专门传授西方医学的国立学校。在历史上，它与北京大学分分合合，张丽珠到该院报到时仍是北京大学的医学院。很快，在之后的院系调整中被独立为北京医学院，并于1953年4月13日启用新印，其附属医院原为1916年成立的北京医学专门学校附属医院，此后随着校名变更而屡次改称，张丽珠报到时是"北京大学医学院附属医院"。1953年定名为"北京医学院附属医院"。

虽然没有经历中华人民共和国成立伊始的思想改造运动，但回国一年来的经历见闻，使得张丽珠在待人接物时更加注意细节。第一天报到，让她在某份证明文件上签字的时候，院党总支副书记王琦笑着说："有些留学回国人员往往签的是英文名字。"从此她特别注意，不论是说话还是讲课绝对不漏一个英文字，这对于留学归国人员来说是极为少见的。

当时的高级知识分子很少，因此每个人都被使用得很充分。1952年年底，通过半年的考验期，张丽珠被升为副教授。此时，她的主要任务有两个：一是在附属医院妇产科做临床工作；二是给北医的学生上专业课。附属医院的临床工作是繁重的：

"当时，早上都有周会，大家聚在一堂，分配今天的主要工作。另外我跟康（映蕖）大夫分工，六个月我在妇科，接下来的六个月她在妇科。在妇科有很多机会做手术，那时候做了很多手术。"

国内有经验的大夫比较少，与国外相比，张丽珠有更多的机会做手术，因此积累了丰富的临床经验。同时，她在局部解剖学等方面的功力也在临床上得到应用发挥：

张丽珠具有坚实的医学理论基础，并在长期的临床实践中积累了丰富的经验。她思想敏锐，并密切关注国际医学的新动向和新发展。在临床实践中十分重视从基础医学中吸取新知识和理论联系实际。她对待工作一丝不苟，精益求精和勇于克服困难的精神是她能在妇产科医疗和科研工作上能持续做出重大成绩的主要原因……她善于分析病情，抓得住重点，处理大胆果断，许多难题在她的手下迎刃而解，难度大的手术都由她主刀，挽救或治愈了大量重危患者。在手术室里，无影灯下，张教授用她的聪明才智和那双灵巧的手创造了一个又一个奇迹。一例剖宫产后出血不止的患者从晚上到次日中午就是下不了手术台，有人喊来了张教授，只见她凭着早年打下的厚实功底，迅速缝扎了出血点，手术很快结束了，那种自信神态和娴熟的技能常使助手们惊叹不已。她具有不同于常人的素质、毅力、胆识和远见。

对于这位出血不止的患者，张丽珠的印象也很深刻，她回忆说：

"有一个患者在手术台上从晚上待到第二天早上，出血就没止住，老是压迫止血，就等我来，我一上手术台就止血了。其实夹住那个血管就能止血，他不敢夹，因为那里有输尿管。"

这件事反映了张丽珠一贯的工作作风：要敢于担风险，如果什么事都不敢做，那就没法长进。当然，这也是需要有扎实的基本训练作为后盾的。

走出手术室，她在讲台上是一位优秀的教师：

"她的课堂讲授效果一直很好，既能从浅显的临床病例引导到深奥的理论，又能把繁杂的理论分清层次，指出重点。那时并没有计算机展示相关图像，但她的讲话似乎完全能表达图像信息。她在讨论会上能即席发表意见，针对不同听众讲解。学术会议只要有张丽珠在，会场气氛就很活跃。"

课堂上，张丽珠是一位好老师，讲解透彻清晰，在课堂之外她又是学生们的好朋友，给他们留下了深刻的印象。张丽珠回忆说：

"多少年过去了，最近还有些机会偶尔见到 1955 年毕业的北医学生，我是 1952 年第一次来北医给他们讲课的。他们回忆我第一次在课堂上露面，说的是'今天我很高兴第一次和你们在课堂上见面'，还说我穿的是紫色的裙子。那时我和同学们的关系很好，和她们一起在操场上打排球。回想起来，那时大家看见我一定觉得有些特别吧，那个时期我居然会被邀请作为55级学生婚礼的证婚人。"

新中国的新医学

手术与教学工作虽然繁重，可张丽珠凭借扎实的业务功底和勤奋的工作态度依然可以游刃有余地完成。与民国时期及英美相比，中华人民共和国成立初期的医疗事业有其独特之处，这是需要张丽珠努力适应的。

在冷战格局下，一是由于西方国家的封锁，二是因为意识形态的联盟，中华人民共和国的社会主义建设在20世纪50年代曾得到苏联的大力支援，包括院系调整和专业、课程设置都是比照苏联模式开展，北医从1953年下半年开始学习苏联经验。1954年7月，全国高等医学教育会议召开后，卫生部确定北京医学院作为学习苏联进行教学改革的重点，并且将所有来华的苏联专家集中在北医统一安排工作，具体规定：①所有来华的苏联专家都集中在北医；②所有从苏联学习回国的留苏人员都分配到北医工作；③凡有苏联专家的专业（教研组），北医都要举办师资进修班，为全国医药院校培养师资。通过进修的学员，将学习苏联的经验带回本校。到1957年4月，在北医基础、临床各院系的苏联专家共有27位。这些苏联专家在北医开展了大量工作。

不过这是就北医整体而言，当时妇产科并没有派驻苏联专家，张丽珠也表示"从未跟苏联专家打过交道"。我国的大环境下，学习苏联被上升到了政治高度，任何人都得有所表示。张丽珠也跟大家一样从头开始学了俄语，虽然她自己讲"没学好"，但还是与同事们一起翻译了一本俄文著作《妇科手术的错误及危险》，于1957年油印内部使用。其实即使学好了俄语，也没多少用武之地，张丽珠曾抱怨"图书馆的苏联医学杂志真少，都是英、美的"，这句话后来在"反右"等运动中给她带来了一些麻烦。

此外，当时的大热门是巴甫洛夫学说，什么都用它来解释，不能怀疑，不能自由讨论。与此相应，在妇产科中，得到大力推行的是所谓"无痛分娩法"。在一本传记中，作者通过林巧稚之口说：

"无痛分娩是巴甫洛夫学说在医学上的一次成功应用。我们都承认，孕妇生产受一定程度的精神支配，以前指导孕妇吸气、下沉；在精神上安慰她，不用害怕，一咬牙、一使劲孩子就下来了；伴随用一些镇静药、麻醉剂，安定情绪，减轻疼痛。实际上，我们已经都在自觉不自觉地使用了巴甫洛夫学说，只是大家没有把过去做过的事进行科学总结。"

可以确定的是，当时推广无痛分娩法是一件上升到政治高度的事，大家要表态赞同，至于在临床上有多大作用另当别论。就像当时教学中强制推行苏联教材，有些内容偏离我国实际，师生们都反映不易理解或行不通，但卫生部还是要求大家必须使用。

好在这件事还有转圜的余地。在学习苏联的同时，政府也提倡加强自主性，鼓励自编教材。民国时期医学院中直接使用国外原版教材，中华人民共和国成立初期又翻译引进苏联教材，但"为了提高和保证教学质量，组织编写切合我国高等医药学院实际需要的简明教科书"，卫生部于1956年9月24日发出了《关于高等医药学院教材规划的通知》，提出今后要"根据各门学科的发展和祖国医学科学研究成就"自编教材。张丽珠和妇产科的同事们走在了前面，她们合作编了一本《妇科学》，于1956年9月油印内部使用。

这本《妇科学》纳入了少量的中医药知识，这也是当时的时代背景决定的。20 世纪 50 年代中期，毛泽东等中央领导多次出面支持中医，因此在当时"发扬祖国医学"的呼声越来越高，中医研究院还举办了多期"西医学习中医"学习班。在此背景下，张丽珠也接触并了解了一些针灸、中药方面的知识，并在此后的工作中有所运用。后来她曾在一次国际论坛上宣讲：

"将中西医结合起来以造就一种新医学的伟大实验一直在进行中。这是毛主席在发展中医的指示中确定的方针。我们的职责是探索祖先留下的中医药这一伟大宝库。"

这些在张丽珠的医学活动中都属于枝节，她在这一时期开展的医学研究，比如关于妊娠中毒症的研究、关于臀产的研究，都是在圣约翰大学及留学期间所学的知识框架下进行的。在北医附院期间她最重要的学术工作，是指导研究生刘又天研究"硫酸镁对子宫收缩的影响"。

1955 年仿照苏联培养副博士的办法，北医开始招收研究生，张丽珠成为国内首批妇产科研究生导师之一。刘又天作为她的第一个研究生，对她的教导始终铭记在心：

"我是张丽珠老师的第一个研究生，也是北京医学院妇产科的第一个研究生。张老师不仅是我的老师，也是我科研工作的引路人，我们师生情缘极深厚。张老师的工作作风和敬业精神，感染和鼓励着我在医务工作中取得一些微小成绩。

"三年研究生学习，对我一生从事医务工作打下了良好的基础。张老师以'严肃、严格、严谨'的工作作风给我留下极深的印象。在工作上她认真、严肃、一丝不苟，指导我学习，非常严格，每问必究，当我提出问题，张老师总要提出一些理论性的问题，让我再研究，促使我打下牢固的理论基础；在科研、治学态度上十分严谨，不放松任何细节，学习安排上十分周密。在我的研究生学习计划中，在选题上首先确定了解决临床实践中广泛遇到而亟待解决的问题，并且每个阶段定期总结，在临床实践方面也非常注意。由于我是妇产科的第一个研究生，受到全科的关心和支持，对疑难和少见患者总是破格优先给我负责。在教学上指导我试讲，安排讲课内容，她亲自观摩考察。三年中我在医疗、教学、研究工作中都取得了长足进步，研究生学习按时顺利完成。当时北医首届研究生中只有三人按期完成研究生论文，我是其中之一。毕业论文答辩由林巧稚教授主考，严仁英、康映蕖等五位教授参加。论文'硫酸镁对子宫收缩力的影响'受到专家们的好评。随后我被北京市中华妇产科学会邀去对此论文做了报告，并在《中华妇产科杂志》（1959 年第 6 期）发表。在我毕业离开北医以后，工作中见到不曾相识的校友提到我的名字，他们说：'你是张丽珠教授的研究生，我们知道你，张教授在北医研究生交流会上介绍研究生培养经验时谈过你的情况。'"

对于这一选题，张丽珠在英国的时候就已经开始关注了，并准备开展相关工作。对当年指导学生开展这一研究的情景，她的回忆更加偏重学术：

"可能是 1956 年在上海有一个国际妇产科学会的会议，我拿着她（刘又天）的论文上去报告，觉得当时没有人做过这种研究，……所以我们到那个大会里去做报告，非常引人注意，影响挺好的。

"我们做的这些工作算是很先进的，比如硫酸镁大家都用（它）治疗高血压，可是硫酸镁是不是影响宫缩没人做研究。我们实验、分析、临床资料，都结合在一起，在那个时候很先进，没人这么做。"

事实证明，张丽珠对医学进展的把握是敏捷到位的，经她提出的研究课题往往有着广阔的远景，硫酸镁对子宫收缩的影响至今仍是研究热点。

创办新医院

北京医学院从北大独立出来后，在政府的统一规划下很快发展起来。1955 年年初，北医在西北郊（今学院路一带）的新校舍第一批工程竣工，从此学校的主体逐渐迁至此处。为配合学校教学并为西北郊一带的原有居民及各高校师生提供医疗服务，北京医学院第三附属医院（简称"三院"）也随之建立起来。作为妇产科的骨干，张丽珠很早就参与了三院的筹建。

1956 年，张丽珠和北医第一附属医院成形外科朱洪荫教授、职业病科汪有番等医师以及手术室曹韵华护士长等人一起去武汉参观同济医学院新建的附属医院，就是为筹建新的附属医院做准备。1958 年，三院借用原建工部职工医院开展工作，同时在北医新址积极建设新的医院。张丽珠被任命为妇产科主任，带队到建工部医院全盘负责相关工作。那里原先的妇产科主任兼支部书记陈培元代表全体职工向她们致热情的欢迎辞。

1958 年正值"大跃进"，大家在工作当中热情高涨，但三院的建设却遇到了意想不到的困难。当时在北京有人民大会堂等十大工程要抢建，建筑公司必须将大部分人力物力投入最紧要的工程，所以三院房屋建筑的总体工程建完后，就停滞不前了。院长左奇认为不能等，要全院职工靠自己的力量来完成收尾工程。亲历其事的职工回忆说：

"1958年8月，三院门诊楼、病房楼主体工程已完工，但内装修、暖气安装、院内环境等需要人去做，当时北京医学院毕业的大学生、中专生及外地毕业的中专生也陆续分配到新建的北医三院，但是三院里面什么都没有。院领导决定：分配来的大学生、中专生都要参加建院劳动，三院二部同志根据工作需要参加建院劳动。左奇院长一声令下，全体职工积极响应，大家都投入紧张的建院劳动中，新分配来的年轻人还没当大夫、护士先当泥瓦匠、建筑工人，他们有的在钻地下管道安装暖气，有的在整理碎砖烂瓦，手上磨出了血泡、肩膀磨肿了，没叫一声苦，干劲十足、情绪饱满。他们用自己的双手，为新的三院增砖添瓦，为三院的开院做准备，对他们来说这是毕业后的一次岗前教育。"

作为老职工，张丽珠等人也和年轻职工一样积极参加建院劳动。她们在保证门诊、医疗工作正常开展的前提下每周参加两三次劳动，有的人下了夜班还跑来一部参加建院劳动。张丽珠印象最深的，是和同事们一起在工人师傅指导下修建了病房楼前面的喷水池。这个喷水池很大，里面还养了很多金鱼，周围群树环绕、鲜花盛开，是当年三院的标志之一。50 年后，张丽珠还追思道：

"'花儿曾告诉我你是怎样走过，大路知道你心中的每一个角落。'三院的花，三院的路，我们是互相了解的。

"主楼未建成前，在前院的喷水池边，我们和原卫生部部长李德全曾一起劳动过。回忆往事，多少滋味在心头。

"现在三院已盖上多个大高楼，楼前的喷水池已不可再见，熟悉的小路竟然不通，认识我的小花也被深深埋葬，历史的遗迹已逐渐消失。"

伤感之中，包含的是深厚的感情，三院的一砖一瓦、一草一木都是在她的见证和参与下成长起来的。

建院初期，三院有病床 440 张，门诊每天接诊 1000 人次。院内的建筑设计处处为病人着想。95% 的病房是朝南的，并有宽敞明亮的文娱厅和餐厅，并且在设计上解决了重危病房安置、避免交叉感染等问题。为了教学需要，还设有可容纳 250 人的阶梯教室、各种专用示教室以及保持手术室无菌条件的看台等。具体到妇产科，有 100 张病床、15 名医师、30 余名护士。作为科主任和科内唯一具有高级职称的专业人员，张丽珠开展工作的基础就是这样。搬到新址后，很快迎来了第一例手术选择性剖宫产，产妇是大家的同事——三院第一任护理部主任钱玉钧。

就在张丽珠埋头建设、准备大干一场的时候，瞬息万变的政治形势却给了她当头一棒。1958 年 3 月，中共中央发出《关于开展反浪费反保守运动的指示》，北医积极响应，在全院以"大鸣大放大争大辩大字报"的形式开展"双反交心"运动。随后又有所谓"红专大辩论"，将"红"和"专"对立起来，把钻研科研业务当成"走白专道路"加以批判。与这些运动一起，还有肆虐一时的"拔白旗"，极大地挫伤了知识分子的积极性。

向来专心业务、又曾留学的张丽珠被贴上了"白专""白旗"的标签。虽然她并不在上级指定的"白旗"名单中，但政治运动中激情高涨的群众是不会考虑这些的，三院食堂里很快就贴满了大字报，其中不少是攻击她的。早年参加革命时做过医务工作的老干部、党委书记兼三院院长很严肃地找她谈话，说："张大夫，叫你到三院当主任，可不是让你骑在人民头上的呀！"毕竟由于经历迥异，当时党委和行政方面的领导与留学归来的知识分子之间有着很深的隔阂。事实上张丽珠并没有"高高在上"，除了参加建院劳动，对院里组织的一些其他活动，只要不影响本职工作，她都积极参加。

家庭与学术研究的平衡

兼顾家庭生活

张丽珠的工作是出色的，无论是临床、教学，还是研究，都做得有声有色，因此1956年她被医院评为"先进工作者"。她的工作和生活节奏是非常紧张的。由于唐有祺1952年在院系调整中被调去北大工作，当时全家人都住在北京大学中关园宿舍，张丽珠却要到城里的北大医院去上班。唐有祺回忆说：

"从中关园宿舍到北大医院要坐公共汽车，坐31路从中关村到西直门，再从西直门倒汽车到医院，她早上要走好长时间，我们就包了一个三轮车……每天拉她到西直门车站，再坐车到医院，每天都这么走。早上出去早，回来吃晚饭也很晚，也很累。那个三轮车夫挺有意思，他原来在上海拉三轮车，认出来丽珠，说：'你是四小姐吧？'"

人生的际遇巧合，也真够让人感慨的！张丽珠还曾在北京的一次集会上遇到当年的排球教练，教练还问她："现在还打不打排球？"当然不打排球了。张丽珠现在忙得连家都顾不上，她后来回忆说：

"由于我是医生，整天的时间都跟病人在一起，随叫随到。那时候我早晨出门，根本就谈不上什么时候能回家吃饭，通常到很晚才回来。有时候晚上还要被叫出去，所以我基本上不怎么管家。"

1953年儿子昭达出生，满月后张丽珠就去上班，给孩子喂了一个月母乳就回奶，乳房胀得非常难受。吸取了这一教训，1954年女儿昭华出生后，她立即回奶，以至于女儿没有吃上一口母乳，后来一直有埋怨情绪。

说起昭达的名字，也是一段佳话。张丽珠回忆说：

"调到北京后，1953年、1954年连续生了两个孩子。第一个孩子是个男孩，刚生下来，我就大声宣布，他姓张，小名叫小平，一举平天下嘛！正名为昭达（黄子卿先生帮忙起的名）。"

张丽珠之所以要抢这个"先"，还是源于要为父亲争一口气、女儿一样能传宗接代的想法。这是她多年来的执念，现在终于圆满了：

"我的小孩一出生，我就说他叫张某某，跟我姓张，给他起了名字张昭达。当然我儿子的儿子随父亲也姓张，我这张家的姓就传下去了，传宗接代了。"（笑）

孩子出生后，张丽珠一如既往地埋头于工作，从不请假。有时候感觉有点不舒服，她就注射庆大霉素将病情控制住，以免耽误公事。当时医学界对庆大霉素的副作用还缺少认识，而且注射前不用像青霉素那样做皮试，因此张丽珠习惯了使用它，最终导致自己的听力受损。因为两个人都忙于工作，只能请两个保姆来照看孩子，后来又请了一个厨师做饭，因此两人每月能挣241块钱，在当时算很多了，却仍然花个精光，以至于有一次还跑回上海借钱度日。有时候想起孩子来，张丽珠是有些遗憾的：

"我常常觉得自己没尽到母亲应尽的责任，我也没享受到许多天伦之乐。有年暑假，正好有一天两个孩子都在家里，我躺在躺椅上，这边看看女儿，那边看看儿子，觉得非常非常的幸福，但这样的时候并不多。"

等到1958年转到新创建的北医三院，张丽珠做了妇产科主任，这样享受天伦之乐的时间就更少了。

科学研究

三院建院初期，张丽珠在妇产科推动的几项工作，都是结合当时的形势需要和社会需求开展的。

1958年8月初开始，北京市开展子宫颈癌普查。林巧稚总结过当时的工作情况：

我们的工作方法主要是通过共产主义的大协作，依靠群众，走群众路线。7月，在党的领导下组成了防癌普查核心，核心成员包括中国医学科学院、北京协和医院妇产科、北医附属医院妇产科、北京人民医院妇产科、中苏友谊医院妇产科、同仁医院妇产科和妇幼保健实验院，通过北京市公共卫生局发动全市各医疗机构，各妇幼保健所等参加此项工作，全市10人口分作五片进行，每片约2人口，30～60岁的妇女共计14000余人。

正式开始工作以前，个别地段先进行了试点工作，训练参加普查的干部，并摸得一定的经验，为正式工作做好充分的准备。通过与街道办事处、妇联联系，共同来组织发动群众积极参加检查。在各居民委员会广泛召开群众大会、小片会，进行防癌宣传，对思想保守的妇女进行个别谈话，对家务繁忙的妇女，深入家庭进行检查，为干部星期日和晚上开设门诊并通信约请，给予一切的方便和照顾，三周来大家分工合作，情绪饱满，白天组织劳动和检查，夜晚宣传和统计、总结每日工作的情况，我们辛勤劳动的目标只有一个，为争取更多的妇女参加普查，为制服癌瘤贡献自己的力量。

同样是做早期癌瘤的诊断工作，国内这种大规模运动的作风与国外实验室里的研究工作风格迥异，但张丽珠在这里更有用武之地。通过在纪念斯隆－凯特琳研究所时期的研究，她知道子宫颈癌如果早发现早治疗，其治愈率可达 75% 以上，因此她对这项普查非常支持，不仅参与普查工作，并且将工作常态化，在三院妇产科建立了子宫颈疾病专业门诊，开展子宫颈癌早期诊断。

虽然开展了相关工作，但三院妇产科的工作重心并不在癌瘤诊断方面。因为当时政府给三院的定位是除担负临床教学任务外，主要负责海淀区的医疗工作，平时就诊者以年轻的教师和学生为主，并不是癌瘤的易发人群。很快，妇产科遇到了新的情况。1960 年，大批女生闭经，连市卫生局长都惊动了，亲自来视察。解决这一问题的担子就压到了张丽珠身上。她回忆说：

"因为我是医生，病人有问题，我们就要为她们解决。我们着手调查大批女学生闭经的原因，发现并不是卵巢自身问题，而是由于营养的缺乏，体力劳动太重，通过大脑、下丘脑－垂体轴，影响到卵巢。这个时期过去后，这些女学生的月经也就恢复了，我们知道了原因，同时有了一些经验，并建立了一些生殖内分泌的基础。"

科研任务带动学科研究的发展是新中国科技发展的重要特色之一。通过解决闭经问题，张丽珠在三院妇产科优先建立了生殖内分泌测定实验室，开始学习一些新方法并将其用于临床，其间曾得到中国科学院动物研究所张致一先生的帮助和指导。从此，张丽珠将研究的重点从妇科肿瘤转到生殖内分泌，她在约翰霍普金斯进修的课程派上了用场。研究当中得到了很多同事的帮助。张丽珠一直记得护理部钱玉钧主任：

"记得她家里是做电影片子的，她还帮我做了很多彩色幻灯片，在那个年代是不可多得的。我们1962年去上海参加全国妇产科学术会议，报告'输卵管结扎术后的卵巢功能'，就是用这些幻灯片，受到了热烈欢迎及好评。"

对输卵管结扎术后卵巢功能的研究也是一个有价值的题目，现今已扩展为各种卵巢功能异常的研究。张丽珠之所以做这个题目，除了对生殖内分泌的关注，还因为她很早就开始关注计划生育的问题。

对于计划生育，张丽珠的出发点主要是从女性身体健康考虑，认为不宜过多过频生育。这在当时是妇产科学界和卫生部门很多人的共识，但国家政策却是鼓励生育的。在患者健康与政策导向之间，张丽珠还是选择了前者。早在北医一院工作期间，张丽珠就感受到了这种冲突：

"管产科时有一位本院女医生因骨盆狭窄，第一次做了剖宫产，这次还得做。按照一般医学规定，两次剖宫产后不宜再怀孕，怕引起子宫破裂，张丽珠到产妇床边解释。没想到第二天支部书记即来找她谈话，内容是：'现在正在学习苏联，提倡多生多育做英雄母亲呢，怎能让人绝育？'"

虽然碰过这种钉子，但张丽珠并没有改变自己的认识。1962年，她专门写了一篇文章讨论多产对妇女健康的危害，发表在《健康报》上，并被收入次年由《健康报》社汇编的《计划生育》一书，在卫生界产生了一定影响。

言传身教

到三院工作之后，虽然还是一如既往地忙于工作，但好在离家近了些，张丽珠可以少些奔波之苦。家里的生活按部就班、条理分明。虽然不时有外界干扰，唐有祺的研究工作也一直在推进当中。两人都忙于工作，张丽珠曾不无感激地说：

"（我的丈夫）从未要求我离开工作岗位（去照顾家里），因为国家的社会主义建设需要我们这样受过训练的人。朋友们有时会开他的玩笑：'不要跟助产士结婚，因为她会在午夜外出。'"

一双儿女渐渐长大，陆续开始上学。在孩子们心目中，父母永远是繁忙的，但这种繁忙并不影响他们对孩子教育的质量。昭华回忆道：

"我成长的环境和别人不太一样，不像一般的家庭妈妈在家的时间比较多。我妈妈经常不在家，早出晚归，我父亲相对来讲在家时间多一些。他有时间就在家写书，几乎天天熬夜。即使如此我仍然记得小时候，我已经睡觉了，妈妈很晚回到家里还要检查我的铅笔盒，把我的铅笔都削得很尖。我那时上小学，每次一开铅笔盒，个个铅笔都削得很尖，同学看到很羡慕。平时爸爸陪我去买衣服的时候较多，放假的时候妈妈也会带我去裁缝店做衣服。妈妈总是力所能及地关心我们。"

虽然在家的时候不多，但是张丽珠对孩子的爱与关注一点都不少，并通过实际行动表达给孩子们，这种言传身教的效果是很好的。张丽珠回忆说：

"尽管工作很忙，我对孩子们还是有教育的，也不是那种口头上的教育，因为有些事情能让他们印象深刻。我儿子小的时候乒乓球打得特别好，暑假他就到一个地方去参加集训。有一天他忽然回来了，因为他在打乒乓球的人里头年纪最小，他说他待在那儿实在难过，所以就自己一个人跑回来了。我就说你怎么这么不守纪律，也不跟领导说一下你就擅自回来，这样真不好。"

对于这件事，昭达也记忆非常深刻：

"我在小学时很喜欢打乒乓球并在海淀少年之家（体校）参加训练，经常参加体校间的比赛。在小学五年级时，邱钟惠看了我在工人体育馆和什刹海体育馆打的两场比赛后，就选我参加暑假在先农坛（北京队所在地）的集训。集训的目的是培养和选拔专业运动员，男女各15人，年龄从初三到五年级，只有我是郊区的。北京市体委很重视这次集训，由原国家队队员任教练，活动安排也非常丰富。集训的管理特别严格，从早上五点起床到晚上睡觉，没有一点自由活动时间。我在海淀少年之家算是打得最好的，来到集训班后只能排在中下游。这是第一次离家过集体生活，又和一位同学关系不融洽，加上打球对我来说只是爱好，还没下决心做专业运动员，所以我就不想干了。尽管几位著名的教练分别找我谈了话，我还是很任性。他们只好让海淀少年之家的教练把我接回了家。我原以为妈妈见到我会高兴，没想到她很严厉地批评了我。这次教训让我铭记在心，以后无论是上山下乡或学习工作中遇到困难都能够坚持下去了。"

这次的教训，昭达永远铭记在心。后来"文化大革命"当中，他被下放到北大荒。刚去的第一年那里条件非常艰苦，知青们纷纷返回北京。他写信给张丽珠说：

"我永远记得妈妈对我的教训，我永远不会做逃兵。"

说起自己家庭的特色，张丽珠是很自豪的：

"我认为，我家这两代人生活的主旋律可能是放在学习上的，而且我们有一个重要的人生理念就是'知识就是力量'。我相信，我们这个社会这样的家庭不少，比过去要多得多，而且一定还会越来越多，越来越完善。"

当然，主旋律放在学习上并不就是一味埋头书山学海。一家人的生活在当时来说是很前卫的，唐有祺和张丽珠都保留了一些留学时期的生活作风，只要一有假期，就带着孩子出去度假。他们回忆说：

唐有祺：确实这样。那个时候物价比较便宜。住在公家的招待所，一天花不了多少钱。吃顿饭大概几角钱，小孩子还吃不完。

张丽珠：星期天老是到颐和园去游泳。我们挺喜欢玩，特别是与孩子们一起玩。虽然我们工作都很紧张，但全家一起玩要比留在家中休息还容易消除疲劳。的确，回想起来带着小孩到那儿去游泳，别人家的小孩知道了，有跑到我们家来想跟我们一起去的。

　　1963 年夏天，有一次全家到颐和园游泳、划船，正好碰到著名摄影师敖恩洪，他为昭华抓拍了一张照片。这张照片被登上《人民画报》的封面，代表"生在新中国、长在红旗下"的一代新人的幸福生活。

动荡年代的医者坚守

服务农村

由于工作太忙，张丽珠跟家人在一起的时光总是快乐而短暂的。到 1965 年，情况又有了新的变化，全国上下迅速掀起下农村巡回医疗和为农村培养卫生人员的高潮。

张丽珠作为北医三院通县巡回医疗队队员，到马头公社为农民群众服务，并为赤脚医生讲课。这是她首次深入农村，受到极大的震撼。四个多月后，她写了一篇文章表达自己的所见所思，这篇文章发表在《人民日报》上，在当时的高级知识分子中间产生了一定的影响，至今仍值得认真读一读。

不了解农民就不能为农民服务

四个多月来，我亲眼看到了农民生活和劳动的情况，在思想感情上与贫下中农接近了一步。今后，我要更加兢兢业业，努力实践，努力改造自己，做到思想过硬，技术过硬。

真正下到了农村

我从小长在大城市，多年来习惯了大城市舒适的生活。偶尔去一下农村，也只是走马观花。只有这一次才算真正下到了农村。从去年 8 月底到现在已有四个多月了。

刚下来的时候，我住在土房子里，睡硬炕，点菜油灯，吃派饭，就好像进入了另外一个世界。和贫下中农的接触也很不自然。工作上有些看来很简单的事我也做不好，比如有一次我在病人家打针，在打开注射用的水安瓿时没有工具，就用了一把大粗刀柄一打，结果将一个安瓿打得粉碎，注射用水也糟蹋掉了。经过这样几件事情以后，我感到我过去的工作和生活条件离农村太远了，怎么谈得上为农民服务呢？于是我下决心学会做这些事，并且学会做一些简易的针灸。

闯过了一个难关

到农村来后，我一直很紧张，最担心的是说不定哪一天有人突然找我去抢救难产，在农村这样简陋的条件下，我该怎么办？担心的事终于发生了。去年 11 月底，觅子店公社医疗队找我去抢救一个 42 岁的产妇。她是第 8 胎，臀位难产，经过我仔细检查，需要做剖宫产手术。我告诉家属需要把产妇送到通县医院做手术，他表示有困难，要求尽量在家中接生。在这种情况下，怎么办？难道眼看着产妇母子双双死去吗？我想无论如何应当想办法抢救。考验我的时候已经到来，我要稳得住，全面仔细考虑问题。于是我一方面打电话让卫生院来人送静脉点滴瓶，另一方面鼓励产妇向下用力，自己动手进行抢救。经过一系列紧张的动作，依靠我熟练的技术和为农民服务的心，使婴儿分娩出来，产妇大出血和婴儿窒息，也都顺利地进行了处理，终于保全了母子两人的生命。这时，虽然我疲劳不堪，我的棉袄袖子和棉鞋都被鲜血湿透了，但是心里特别高兴，因为我闯过了一个难关，我的技术能够在简陋的农村条件下为贫下中农服务了！

在这四个多月里，我们还做了一些子宫全切除之类的大手术。每次，医疗队的同志，不管是哪一科的，只要手术需要，都主动当我的助手，使我能够在同志的关怀和帮助下完成手术任务。手术以后，大家一定让我去睡觉，主动帮助我照顾病人。这些都给了我极大的支持和安慰，使我深深地感到在我们伟大的祖国，我们虽然来自五湖四海，各有不同的工作岗位，但在同一个革命旗帜下都能够紧紧地团结起来，互相帮助，互相鼓舞，更好地为人民服务。

在教学和培训的过程中，我的心情也不是平静的。半农半医班的学生，有初中的、小学的，程度不一，而且很多人已参加劳动多年。这样的学生我从未教过，下定决心要讲得通俗些，一定要对他们耐心，因此在上课时讲了一遍又一遍，问了一遍又一遍，有时下了课还讲，但是有个别的同学仍然不能领会。我想："怎么让我教这样的学生？""这样的人能当大队医生吗？"以后他们的实际行动教育了我，我才感到自己原来的看法错了。

努力改造自己

总之，四个多月生活和工作在农村，我感到过苦，遇到过困难，有过烦闷急躁情绪，有时也想退缩，但是，党的光辉始终照耀着我，我时常记着我是响应党的号召下来的，我要锻炼自己更好地为贫下中农服务。四个多月来，我们治好了一些病，老乡当着我们的面说了多少热情的话，如"你们来了，少祸害多少人呢！""以前我再花多少钱也请不到这样好的大夫。"我们说，"这是我们应当做的""这是毛主席叫我们做的"。我们说的话很少，但通过我们的实际工作，密切了党和群众的关系。我体会到我们医务工作者也是政治工作者，干医务工作也是干革命。我们做得太不够了！

四个多月来，我初步了解了农村的生活，在思想感情上与贫下中农接近了一步，认识到过去我们在医疗、教学、科学研究上有很多是不符合广大农村实际的。在工作上也是得到不少锻炼，过去习惯于大医院科主任的工作，分工明确，条件好，层层负责，有所依靠，高高在上，指指点点。现在是住院医师、护理工作都需要亲自动手，进一步体会到他们的劳动是很可贵的。

今后，我要更加兢兢业业，虚心学习，努力实践，努力改造自己，做到思想过得硬，技术过得硬，更好地完成党交给医疗队的任务。

从字里行间，我们可以看到，张丽珠的思考与认识都是非常真诚的，绝不同于一般表决心的政治套话。她是决心以一腔赤诚去了解农村、了解农民，并以精湛的医术为他们解决实际问题。我们也可以看到，与城市相比，农村长期缺医少药，医疗环境太差，她的很多医疗手段无法施展。就是在这样艰难简陋的条件下，她仍然尽自己所能，不避艰险，做了一些大手术。

张丽珠在通州医疗队时期所做的两例手术至今为人津津乐道。一例是在马驹桥为一位长年卧床的大娘切除重达数十斤的卵巢肿瘤，患者术后可下地活动，乡亲们敲锣打鼓来为她庆功。另一例是在麦庄，一位患者难产落下了阴道膀胱瘘，十多年长年漏尿，一年到头穿着尿湿的裤子，夏天臊臭，冬天冰冷，丈夫和家人不许她上炕，她只能睡在草堆里，痛苦难言，祈求张丽珠为她做手术。张丽珠认为应该试一试，就在既没有无影灯，又缺乏手术器械的条件下进行了膀胱瘘修补，手术后患者恢复了健康。

张丽珠有一次遇到一个农民家的母猪难产。母猪和猪崽儿都是重要的收入来源，农家心急如火。张丽珠赶去，她挽袖而上，凭借着丰富的产科经验，给母猪接生，最终母猪顺利产崽，大小平安，传为佳话。张丽珠以后每次到这个村，就被村民们亲切地称为"猪大夫"。她就是这样脚踏实地尽其所能地为农民服务。张丽珠自己回忆当时的情景，坦然地说：

"在我们那个年代的医生，工作和生活条件都是比较差的，政治上还容易受到无端的挑剔，但是我们从病人那里得到安慰，从治疗效果中得到满足。回忆那时在产房里、在手术室里抢救的大场面，我总是走在前面，带头干活。我认为做一名医生不但要具备扎实的功底，还要敢于承担风险，对危重病人不能回避。只有这样，医疗技术才能提高和发展，个人才会不断成长进步。"

就在她逐渐适应农村环境，并在工作中实现自我价值的时候，"文化大革命"爆发了。

做杂务的医生

1966 年 5 月 16 日，中共中央发布了毛泽东主持制

定的重要文件，即后来通称的"五一六通知"，标志着
"文化大革命"的大幕正式拉开。

当时三院虽然是医疗机构，可内部秩序一片混乱，
尤其是经常遭到"红卫兵小将"们的冲击，闹出不少奇
闻逸事，这里摘取两则张丽珠同事的回忆。

"早请示晚汇报"

在"文化大革命"汹涌澎湃的大潮中，我们三院也
卷入了当时风行全国的"早请示晚汇报"的旋涡中。那
时除每周三、周六下午安排学习外，每天早上要先向毛
主席"请示"后才开始工作。下班后也不回家，等着开
会学习至八点半左右结束，是为"晚汇报"。那时上班
以外的时间都让文山会海所占，谁也没想过应干些什么
私事？更没听说过"休闲"一词。我们科每晨集中在候
诊厅里，面对毛主席像排成排，右手举起红宝书（毛主
席语录）一边有节奏地摇着一边齐声高呼"毛主席万寿
无疆""××××永远健康"。然后由一人挑头"东方
红，一、二"，于是大家一起合唱，歌声也还动听。当
时首都各高校都有工人宣传队进驻帮助搞革命，三院
也有工宣队来，来我科作领导的是一位身材瘦小的大
姐，四十来岁，每次都是她站在队列前面，带头背或念

语录，她说一句大家跟一句，也许是文化水平所限，她只会那么几段，复杂的语录念不下来，有时她念了白字大家跟读时主动把字正了过来，并没有人觉得奇怪，让这样一位老实巴交的大姐，站在这么多知识分子面前也真够难为她的。"早请示"结束后大家才开始工作，有早来的病人，他们自动地闪在一边，等我们唱完念完后才进入诊室。下午下班后大家再次集中，念语录和最新指示，读批判文章，接着谈认识和体会，经常有一段沉默时间，偶尔读到一些题外话，人们则立即兴奋起来，你言我语活跃一阵，但很快就被头脑敏锐的主持人发现走题，立即引入正道，慢慢耗到结束。如有最新指示发表，大家会集合列队到北医操场游行、欢呼，晚上好不热闹。当时我住三院二号楼三层的一间房子，还没小孩，所以开会、游行对我影响不大，我还体会不到家住外面或有小不点儿的是怎么安排这一切的。我只知道1969年年初，我挺着大肚子依旧白天上班、晚上学习。直至4月21日晚汇报后，我九点左右回到二号楼，当时肚子一阵紧缩痛了起来，而且越来越重，我预感要出事，不巧我家先生出差在外，当时我默念着语录："下定决心，排除万难，去争取胜利"，趁着阵痛还不算太紧，忍着疼痛冲出房间，匆匆返回三院进了产科。值班人员一边埋怨我为什么不早点来，一边麻利地做着准备，在待产室床上还没躺热就又直奔产床，4 月 22 日不到凌晨 1 时，就完成生产了。在产科我一共住了 9 天，直至先生返京我才回到二号楼。

"为什么毛主席只有一只耳朵？"

在"文化大革命"那些天翻地覆的日子里，经常有新鲜事发生。一天下午，一群北医附中的红卫兵闯入我科门诊，挨门观察诊室四壁之后，大声呵斥："为什么房间里不挂毛主席像？"在场的医护人员无言以对，因为上级从来没要求过，谁也不知道诊室需要挂毛主席像。最后，一个男学生下了通牒："明天我们还要来查，如不挂上，到时可不客气。"次日上午我和另一位同志匆匆赶赴新华书店买主席像，所有房间均贴上主席像。红卫兵们按时来做检查了，我们已按要求全挂上了，应该没问题吧。突然，一个红卫兵大叫："为什么毛主席只有一只耳朵？"天哪！新华书店只剩下这种毛主席的侧面像，那时全国各地都在大搞红海洋及挂毛主席像。商店里主席挂像几乎脱销，能买到就不错了。再说正面像也好，侧面像也罢都是摄影师的创作。挂图是我去买的，我只好胆战心惊地向红卫兵们解释：西单新华书店只有这一种挂图了，因为时间太紧，要不等我们去别的书店看看，如有两只耳朵的，一定买来换上，行吗？也许是我真诚的态度让他们心软了，终于二话没说就走了。此后，挂图也没再换。不过小将们曾冲进四楼手术室，冲着我科大夫喊叫："摘下你们的马粪兜（指口罩）！"于是大夫们乖乖地脱下口罩进行手术。当时我在想：不知在给他们或其家人做手术时，是否也要摘掉"马粪兜"？

三十多年过去了，每当我回忆往事，偶然在茶余饭后将这些亲身遭遇讲给年轻人听时，大家都觉得好笑。笑罢之后难道就没有一种莫名的悲伤吗？当年的小将们现在多已过不惑之年。那时，在"读书无用论"极"左"思潮泛滥时完全迷失了方向，做出了多少令人不可思议的蠢事。当时喊得最凶，行动过激的"英雄"恰恰是"几乎被毁掉的一代"。觉醒的人们早已将这些陈旧的历史笑料扔进了垃圾堆。愿这段可悲的历史永远不再重演。

在这种氛围下，作为教会学校的毕业生、留学归国人员，张丽珠在造反派眼中自然是有"原罪"的"资产阶级反动学术权威"。从1966年下半年开始，她就不断遭到"革命群众"的批判，就连她在圣约翰大学的博士学位证书也被"破四旧"了。她利用自费从国外带回来的阴道镜、后穹窿镜开办子宫颈门诊这时却成了一大罪状,罪名自然是崇洋媚外、走资本主义道路。

在"大革命"的激情和威势下,当时不可思议的事情层出不穷。张丽珠印象很深的是当时把专科门诊改为综合门诊。对这件事,三院耳鼻喉科的一位大夫回忆道:

"'文化大革命'期间,不可思议的事层出不穷。三院曾经在门诊取消过科室,大夫们一字排开,病人进入医院,挂一个号随便进入哪个诊室,要看什么病都行,大夫则必须充当万能博士。到我科来的病人,除问问有无耳鼻喉的病症外,肚子痛、心慌、月经不调,我也得硬着头皮给他(她)看,凭借临床实习时打下的一点基础去对付,实在无法做检查又怕耽误病情的,就领着病人找相应科室的大夫诊治,所以一上午得在医院转上几圈,除非确实是耳朵、鼻子、咽喉方面的病人,否则真看不了几个。可以想象其他科诊室里没有立灯、额镜、耳科器械,纵然大夫医术超人,他也休想做出正确的'中耳炎'的诊断。这样一来,真正有病的患者如未遇到对口的大夫,不是被二百五的医生糊弄对付过去,就是在医院里大转圈而耽误功夫。倒是便宜了一些无病呻吟的患者，挂个一角钱的号，可以从头皮发痒、脚丫流汤一直看到腰酸腿痛、咳喘心慌。幸好那时也不谈效率更不知何谓'效益'，慢慢看吧。

"当时大家都很糊涂，根本闹不清形势将如何发展，我在嘀咕：综合医院的专科医生难道都要变成万金油大夫？王府井的百货大楼是不是也要变成小杂货铺？真不知问谁才能明白，脑子里一锅粥，就这么昏天黑地地过了一段时间，终于时代的车轮又将三院拖入阳关大道。大医院分科看病还是肯定和必然的模式，不容任意改变。此后，我也一直作为耳鼻喉科医生继续为人民服务，再没耍过二把刀。"

在三院，有些护士早就对医护关系、收入差距心怀不满，此时借着"文化大革命"的机会爆发出来。张丽珠对"文化大革命"乱象的印象之一便是"护士做大夫的工作，上台主持剖宫产手术"。有耳鼻喉科大夫回忆当时的情况说：

"在我的记忆中，我们接受了如下事实：①门诊废除卫生员，由大夫护士搞卫生，每科都有卫生工具，下午四点以后有一部分护士大夫就开始搞卫生，也不需排班，谁有空谁就干。那时怎比当今，随地吐痰、乱擤鼻涕司空见惯，尤其我科鼻窦炎、咽炎患者脓涕多痰多为特点，尽管每个诊室及走廊都放置痰盂，也挡不住不自觉的病人擤或吐在地上，尤其走廊贴根处污迹斑斑，每次擦地让人恶心。在知识分子思想改造的年代，哪能怕脏呢，所以大家抢着倒痰盂，擦地。随着时间的推移，我逐渐热衷于擦地了。我发现有人把地擦得湿乎乎的，之后在厕所旁的水池子里涮洗墩布，滴着水又带回科里，可真叫难看。于是我采用半干墩布来拖，把地面上浮土一卷而尽，涮洗的拖把稍控水后沿墙根带回科里，隔些日子再用油墩布擦擦。那时消化科小楼还没盖起，我科门诊把边儿，夕阳从西边的一排窗户射进来，照在我拖过的大厅地面上，格外明亮光洁，我真高兴。时至今日，我也爱用半干墩布擦地面，这真不是从书本上学来的本事。②打破大夫护士界线。那时眼科耳科为一支部，病房也合到一块，大夫轮流值护士班，早上起来给病人试体温表、发药、打针。在我记忆中，连李凤鸣教授也曾早早起来，提个小白盆给病人发体温表、数脉搏。我科护士也给病人看病，上过手术，这就是初始的护提医。那时卫生员也有放下笤帚给病人发药、打针的。"

　　干点卫生员的工作倒也没什么，让张丽珠难以接受的是，为了表示服从改造、不怕脏，群众要求她"倒垃圾时不许戴手套"。另外，同耳鼻喉科的情况相比，妇产科的手术要更加复杂，因此硬着头皮上马的护士往往无法正确应对，被迫"下台"的张丽珠有时候会"经过门诊，被偷偷叫住，问该如何处理"。她印象很深的是有一次：

"一例诊为卵巢囊肿，占满了腹腔，手术操作已两个小时，就是取不出来。两位革命派专家不敢多动，将我这个'卫生员'叫去做手术。我不了解情况只好刷了手去探查，原来两个小时的手术操作都未能将腹膜打开。当即打开腹膜进入腹腔，掏出一个大瘤子，接着又取出第二个大瘤子。病理证实是胃肠转移癌，结论是瘤子的摘除是毫无意义的。"

就是这种水平的医疗有时候也难以维持，因为医院的工作经常被突如其来的"革命小将"们干扰。北医附中的红卫兵们经常突然闯到门诊来检查，随意提一些要求，医护人员就要认真应对。1968年9月，北医成立了革委会，秩序逐渐得以恢复。对张丽珠来说，劫难却还只是刚刚开始。10月开始，院革委会根据上级要求，开始"清理阶级队伍"，全院1000多名党政领导骨干、专家教授和教职工被立案审查。他们都被剥夺了从事原来工作的权利，由群众监督劳动改造；有的去打扫厕所、清理楼道；有的从事杂务。张丽珠也属于被打倒的"反动学术权威",原先的"人民内部矛盾"一下成了"敌我矛盾",这让张丽珠很困惑,难以理解又深受伤害。三十年后她对同事们讲道:

"'文化大革命'时我 40 岁,我算一名妇产科专家,理当接受对资产阶级专家的一般大锅饭式的批判,接受再教育。不知为什么我却被划入被打倒之列。全院革命群众振臂高呼'打倒张丽珠'。我低头认罪,当时站在大饭厅外边等待被斗时,革命家属的孩子使劲用脚踢我,我只能往后躲。我现在认为革命群众是受蒙蔽者,他们和被批斗者一样,都是受害者。"

虽然受到了诸多不公正的对待,但张丽珠是坚强的、自信的。痛苦过后,她没有被眼前的困厄击倒,认为自己:

"多年来埋头苦干,遵纪守法,尽职尽责。对国家、对社会、对人民,问心无愧。世界上本来就不是那么公平的。我看着书桌边墙上的对联'有本不穷,无我为大。'我应该知道自己的价值。"

很快,她就得到了一个实现自己价值的机会。

下放延庆

为响应政策,北医做了机构精简,先后将 1042 名教职工下放到农村劳动，其中仅下放到西北农村落户的教学、科研和医务人员就有 600 多人，他们大多下到基层卫生单位，有的脱离了业务岗位改做其他工作。在业务岗位的，有的当了"赤脚医生"；有的由于专业不对口，不能发挥所长；有的则因条件限制，无法开展工作，致使他们的专业特长不能发挥作用；荒废日久，知识得不到更新和提高，造成了人才的极大浪费。这一下放过程削弱了北医的师资队伍，给教学、医疗、科研工作带来了无法挽回的损失，同时也给广大知识分子的生活带来很多实际困难，损害了他们的身心健康。

也就是在这个时候，张丽珠与一批同事、学生一起爬上卡车，被下放到延庆医疗队。虽然比起下放西北的同事们来，他们算是幸运的，但张丽珠作为"革命对象"，总是有些惴惴不安，带着沉重的心理负担和对前途命运的恐惧，这跟在通县医疗队期间的情况有很大不同。三十年后她专门写了篇文章，抚今追昔，其中对自己当年心理、行动的刻画细致入微，值得认真读一读。

重返对角石

记得大约三十年前，我曾带着同学去延庆参加医疗队。我还记得当时上卡车时，有一位卫生系的老教授硬是爬不上来。在卡车里一路颠簸，听着林彪"一号通令"的广播（1966年）。今天（1998年3月初）我又来到延庆，陪一位香港妇产科专家，示教新型手术并资助贫困病人。车经高速公路，见县医院新建了两座大楼，手术室比我们城里的还要宽敞。县医院妇产科杨主任对30年前对角石的手术场面记忆犹新。

那次刚下车还没停下脚，延庆医疗队领导即派我到对角石山沟里执行任务。医疗队的顺口溜是："金眼科，银外科，辛辛苦苦妇产科。"眼科朱大夫和我，一前一后走在崎岖的羊肠小道上，左边是峭壁，右边是悬崖，身上背着沉重的行李包，而心里的包袱就更重了：这次进来山沟，还出得来吗？小腿还在抽筋，即来到老大娘身边。她多年来患有严重的子宫脱垂，整个子宫带着膀胱和直肠都掉在阴道外面，一直不能下炕，更甭说骑小毛驴下山了。军宣队在旁边仓库里用小桌和几根棍子搭了一个妇产科手术床，手术时有两个同学做我的助手，从外村来的大夫做麻醉师。我这个1951年从英、美回国的资产阶级知识分子对病情估计不足，老大娘曾用过多种坐药治疗，药擦在子宫上面覆盖的阴道壁，造成了严重的粘连，术时分不清层次，只好小心翼翼地慢慢剥离，出血不多但很费时间。单次腰麻早已不顶用，手术完成后大娘的血压已很低，处于半休克状态。工宣队和积极分子讨论对策，诊断为内出血，命令我开腹止血。我坚决不肯做，我需要的是为病人输血，但是原来准备好的配血员都找不到了。老大娘躺在炕上，还在躁动。我盘腿坐在她身边炕上，全神贯注地扶着大娘的脚，紧紧握着静脉切开处的针。如果针脱了出来，这样低的血压，哪里再去找血管？如果大娘有个三长两短，我也活不成。我忘掉了我的家人，我的儿女。啊！那悬崖……！今天我才知道，原来县医院的杨主任当时也在场，且深有同感；她看到了边上监视我的工宣队眼神，他期望的是什么？下午雪下得更大了，外面一片白茫茫，炕边上点着一根蜡烛，蜡烛在流泪。我不记得手术时用的什么照明。点滴总算维持了下来，大娘情况似乎稳定了。第二天居然有人来自三院，带来了血库的血为大娘输血。几天后大娘恢复了，子宫脱垂治好了，她下了地，我也下了地。

春天来临，山上桃花盛开，大娘走出门外在树下赏花。我第一次回到村里医疗队住所，途中走在小溪流水的石块上，头一阵眩晕，几乎翻倒在河里。我感到全身发痒，不知是对什么过敏了。同学们翻开我的毛衣袖口，笑着告诉我说，我身上的虱子已传到第三代了。几天后县医疗队点上开了总结会，我没资格参加。同学们回来后悄悄告诉我，会上的主题是对资产阶级专家迷信的大批判。岂止如此，今天杨大夫还说，我有另外几顶帽子，资产阶级反动权威、里通外国，幸亏当时我都不知道。其实我自1951年回国后和国外割断了联系，我国外的亲属、老师和朋友都不知我的去向。

我还是每天在炕头上给同学们讲课，没有书本，没有黑板，巡回医疗。其实，村里也只有十几户人家。在路上碰见一位老大爷，他跷着大拇指对我说："我们村里来了个能人！"只要是我一个人进农户，他们就会偷偷地沏糖水给我喝，烙蛋饼给我吃，真好吃！这些老乡们的朴实情感我将永远铭记在心头。

今天既然来到延庆，一定要去看看乡亲们。对角石完全改了样，下边成为一片平地，变为延庆通往张家口的交通要道，山里的农民完全搬了下来。老大娘术后活了20多年，她的两个儿子和孙子们在山下开了车马店和饭馆，还有耕地。另外几家也跑了出来和我话旧。他们领我再次上山，路平了，变宽了，好像不像当年的小路。我走到老大娘的旧居地，在一堆破砖碎瓦前照相，还了我多年来的心愿。我们好不容易谢绝了乡亲们的热情留饭，再返征途，这里没有个人恩怨，这是大是大非的问题。一路上，心中充满了的是，作为一个医生对人类健康的责任感。

对角石的经历一波三折、扣人心弦，不过张丽珠在延庆期间主要的工作是在宫颈癌方面。在延庆郊区，此类病例挺多的。

"1969 年在延庆的时候，宫颈癌挺多的，宫颈癌手术是大手术。我调到县医院去就整天做手术。后来他们医院的人说，这个地方的子宫颈癌都给我做光了。所以那个时候的确做了不少事。当时要让我回来，我还不愿意回来，觉得在那边我倒可以做点实际工作。"

回不回三院，还是单位和组织上说了算的。更何况，此时城里也有不少需要她的工作。

特殊岁月的教学与科研

从 1966 年到 1970 年，北医没有招收本科生、研究生和进修生，这使医药卫生人才培养出现了严重断代。1970 年 12 月，北医以"群众推荐，领导批准，学校复审相结合"的办法招收了 499 名三年制工农兵学生，这是该校第一届（71 级）工农兵学生。他们入学后，一批被下放的教师因教学需要被召回。张丽珠于 1971 年受命回城。

虽然张丽珠重新走上讲台，但是在当时的背景下，正常的教学秩序根本得不到保障。当时的口号是工农兵学生要"上大学、管大学、用毛泽东思想改造大学"，因此大部分学生根本没有做学生的觉悟。当时甚至有论调反对学技术，认为"知识到手，人被夺走"。张丽珠对这种局面缺少足够的认识和心理准备，一如既往地严格要求学生，对"学员听课不专心"提出了批评，但学员们绝不领情，回报她的是一张大字报，指责她讲课不好。

好在不用一直待在学校受气。为贯彻毛泽东"把医疗卫生工作的重点放到农村去"的指示，遵照周恩来对医疗队工作的六项指示，北医于1971年6月派遣第一支医疗队赴云南西双版纳州为当地人民防病治病。医疗队每批30多人，包括内、外、妇、儿、口腔等主要科室的医、护、技人员，每年轮换一次。医疗队的任务之一是培养基层卫生人员，张丽珠因此赴云南讲了两个月的课。身为祖籍云南的人，五十岁的张丽珠却是首次来到这里。借此机会，她去了一趟大理，体味那些自幼便曾多次听闻的风物：

"为妇专同学讲课，又去了云南下关。苍山的云、洱海的月、下关的风、大理的花，我算都尝过了。进入大理镇上，寻找张家的遗迹，却完全没有了。云南大理只是我的祖籍。"

圆梦之后，张丽珠回到北京，继续从事教学和临床工作。值得特别提出的是，此时我国与西方国家的交往正在逐渐恢复之中，来华访问的国外医学界人士逐渐增多，张丽珠由于留过学、英语好，而且熟悉外国人的思维方式和处事风格，经常被拉去参与外事活动。1971年11月，智利医学代表团来华访问，她参与接待，对方访问北医并做学术报告的时候，她担任同声翻译。还有一次，加拿大学者来访，要去吉林医科大学（曾用名为白求恩医科大学）演讲，她随行担任翻译。

当然，张丽珠印象最深的，还是1972年2月接待尼克松访华的随行记者林格尔（William Ringle）等人来北医三院参观针刺麻醉。多年后，林格尔还对当时的场景记忆犹新：

"……于是我们转向正在进行的剖宫产手术。身材娇小的孕妇戴春茹躺在手术台上，我们微笑着通过翻译张丽珠大夫向她提问。张大夫身材高大、庄重大方，曾就读于约翰霍普金斯大学医学院，能说一口无可挑剔的地道英语……"

当时，针刺麻醉在国内是一个大热门，在中西医学界得到了广泛的关注。北医三院在这方面的工作走在全国前列，多位国家领导人曾亲临参观。回国访问的物理学家杨振宁也曾来院了解相关情况。张丽珠所在的妇产科也在这方面做了不少工作，从1970年7月起开始应用针刺麻醉进行卵巢囊肿手术。截至20世纪70年代末，共进行150例，成功率94%，优良率80%。

当然，这项工作是在当时"创造新医学"的背景下开展的。在毛泽东的指示下，当时将中西医结合以创立中国统一的新医药学作为我国医学发展的唯一正确方向，中医得到空前的重视。西医也尽量学习、使用中医药。1974年，北京医学院三家附属医院的妇产科合作编印了一部《妇产科学》教材，全书基本上是按照西医学的体系编写的，却专门写了《妇产科中医基础》作为第一章。全书560多页，第一章仅有3页，不过是点缀一下，以免被人"挑刺"。

总体来说，"文化大革命"最初几年的科研工作基本上是停顿的。到"文化大革命"后期，张丽珠才开始逐步把科研重新做起来。她带领三院妇产科同人1974年起与北医生理教研组、一院妇产科合作探讨早孕维持机理，1975年起又与病理科、一院妇产科总结子宫颈癌手术效果和病理的关系等。

家庭磨难

张丽珠在事业上举步维艰的同时，家庭生活方面也遇到了低谷。政治的动荡轻易地就碾碎了家庭的幸福。风暴高潮时期，作为高级知识分子，唐有祺和张丽珠都是被专政、被批斗的对象，难以顾及家庭。孩子们"停课闹革命"，也没学可上了。全家人的生活一下陷入了无序状态，"清理阶级队伍"时期家中还出了一场事故，险些酿成悲剧。昭华回忆说：

"妈妈（张丽珠）那时候扫厕所，我父亲被隔离——牵扯到一个编造的海外留学归国的特务案。爸爸被关在北大一个小楼里，不能回家。我妈妈那时候是被打倒的学术权威，有认识的人找她看病，看见她在扫厕所。那时候我和我哥哥在家，每天晚上，等着妈妈回来，给她做点吃的。她每天都很晚回来。那时候家里生着炉子，用煤饼炉做饭，煤饼是湿的，特别容易有煤气。有一天我哥哥荨麻疹又发作了，在家休息……我回来以后，哥哥跟我说他晕倒了，我想可能是因为荨麻疹。可是我后来烧热水洗头，洗完以后头很疼，我就意识到这是煤气，就立刻把所有窗户都打开，赶紧找邻居来帮助哥哥，而我一到邻居那儿就晕倒了。邻居把我哥哥也接到他们家，并把我们家所有的窗户全都打开。我妈妈那天特别晚才回来，看见我们两个人都躺在邻居家的床上，不禁哽咽落泪。这是我记得的仅有的几次看到妈妈哭。"

这件事对张丽珠的触动很大，加上当时单位很多人都把她当作敌人看待，这让她难以接受。自己一向注意不特殊化，归国后工作中尽量不说英文，对学生尽职尽责，工作上认真负责、任劳任怨，为了病人连一天假都没请过，"文化大革命"被批判后，每天对着毛主席像忏悔、念语录，低头认罪，最终还是被当成敌人，这使她有深深的挫败感。昭华回忆说：

"那时候我晚上陪着妈妈，她就跟我说：'你说妈妈是这么坏的人吗？'我当时特别怕，我说：'你不是，都会过去的！'"

重压之下，有亲人相濡以沫，已经是很难得的了。当时有不少"造反派"的少年给在单位饱受折磨的父母伤口上撒盐，与父母断绝关系。由于张丽珠儿女从小的教育基础做得好，一双儿女给她在无尽的黑暗中带来了一线光明，但她却饱受另一种煎熬。

昭华于1970年被下放到西山农场务农。同届的同学大多进了北京的工厂，只有剩下的出身不好的"黑五类"被发配到远郊种地。在农场，很多人都说唐昭华的社会关系复杂，一辈子都翻不了身。甚至有人直接说："你们家两个大教授，你这样是替你爸妈来还债的！"

这种"还债论"深深地刺痛了张丽珠，使她一直耿耿于怀。晚年她还曾质问："要我们的后代都成为愚民嘛？"

好在，寒夜终会过去，春天必将来临。

科学春天与生殖医学突破

春暖人间

1976年在中国现代史上是重要的标志性年份，这一年"文化大革命"宣告结束。乍暖还寒，国家的命脉、个人的生活，一切都在逐渐复苏。这一年，对张家来说也是悲喜交加。宁珠、馨珠当年与家人一起留在了美国，多年与国内亲友不通音讯。"文化大革命"后期，随着中美交通恢复，宁珠于1976年携子女回国探亲。此时，馨珠早已于多年前因难产不幸早逝。就在这年，为四姐妹操劳大半生的三姑张佩芬也病故了。

经历了大悲大喜、反反复复的1976年，一切终于逐渐好起来。最让张丽珠感到快慰的是政府恢复了高考，儿女有了接受高等教育的机会。1977年2月，昭达从黑龙江建设兵团回京，并于这一年考入北京化工学院。次年，昭华考入北京医学院。苦尽甘来，一家人皆大欢喜。

张丽珠自己的工作也逐渐重回正轨。1977年12月，北医召开了科技大会，科研人员交流经验，汇报成果，修订科研规划，听取前沿学科理论介绍。1978年3月，全国科学大会在北京召开。邓小平在讲话中指出当代社会生产力的巨大发展主要靠科学技术，我国实现四个现代化关键是科学技术的现代化，提出为社会主义服务的脑力劳动者是劳动人民的一部分，要在我国造就更庞大的科学技术大军，特别强调科学技术人才的培养，基础在教育，从而把教育提到了实现四个现代化的重要战略地位，号召全体科学工作者"树雄心，立大志，向科学技术现代化进军"。国家再次把科学工作重视起来，极大地鼓舞了知识分子的士气。关于张丽珠，一位记者写道：

"正当她（张丽珠）大显身手的时候，十年动乱发生了，她同许多老干部、老专家一样，受到了种种不公平的对待，她苦闷过，伤心过，但这些年的阅历，使她坚信党会出来纠正这种不正常的局面。盼望的一天终于来到！她的心情格外舒畅，在全国科学大会的鼓舞下，她又满怀热情地投入了工作。"

确立了改革开放的政策，中国共产党对知识分子的政策也有较大调整，多了些信任，少了些猜忌，同时加大了吸收高级知识分子入党的工作力度。张丽珠于1980年提交的入党申请书得到了批准，同年已担任副教授多年的她晋升为教授。1984年1月她又被国务院学位委员会评为博士生导师。年过花甲，再上征程，这意味着更大的责任和更繁重的工作，但张丽珠早已做好了准备。

为中国妇女代言

"文化大革命"结束后,有一段时间张丽珠除了承担繁重的科研、诊疗工作,还多次作为主要成员参加各种出国访问代表团,以至于梁漱溟曾开玩笑调侃道:"久不晤面,敬想教学和公务均忙,并且夙闻大驾时常出国,不知是否在京也。"这一方面是因为从"文化大革命"后期起,张丽珠就因外语流利而经常出席多种外交场合;另一方面是因为此时她在国内妇产科学界已经有了一定的地位。

张丽珠到国外从事医学考察,是抱着学习的态度去的,动脑动手又动口,积极了解学界动态,学习新知识、新技术,回来后还会撰写翔实的考察报告,总结经验,以资借鉴。1981 年 11 月 7 日至 12 月 17 日,张丽珠参加了中国妇产科学会计划生育、妇幼保健考察组赴欧洲,一个多月里参观了芬兰、联邦德国、法国三个国家的 36 个相关机构,每到一地都详细记录相关事项、数据,看到"所到的医学院附属医院、研究所都具备先进的仪器设备及较好的科研条件",更加直观地认识到了国内存在的差距。此次在法国 Antoine Béclère 医院妇产科主任 Papiernik 教授那里,张丽珠接触到了试管婴儿的研究。

在参与过的外事活动中,张丽珠印象最深的是 1980 年 7 月出席联合国在丹麦哥本哈根主办的第二届世界妇女大会,并于会前(7 月 9—13 日)参加联合国教科文组织在挪威奥斯陆召开的"改变中社会的创造性妇女(Creative Women in Changing Societies)"国际讨论会。她在研讨会上做了题为"回首往昔,展望光明未来(Reminisces of the Past and a Bright Outlook on the Future)"的报告。在报告中,她回忆了自己的教育经历,以自身为例向各国代表介绍了中国妇女在家庭、事业等方面的基本情况,讲述了自己兼妻子、母亲、医生多种角色的经历以及其中的冲突,同时也回顾了"文化大革命"期间的情况以及中国医学发展的状况,最后总结道:

"在中华人民共和国,妇女在政治、经济、社会、家庭等所有方面都与男性享有同样的权利,并且实现了男女同工同酬。我充分理解,只有完成全社会的社会主义改造,妇女解放才有可能得以实现。"

在参加大会期间,她结交了一些朋友,对当地报刊和电台的访问都按照当时的形势和要求做出了有理、有利、有节的回答。

三十年后故地重游,那种百感交集并不能这样简单地一言以蔽之，尤其是在联系当年的至交好友时，张丽珠的感受更加复杂。张丽珠曾经回忆与留英时期的老师道兹女士重新取得联系的过程：

"从那时起我和大陆外面的人完全割断了消息。有些做得确实很不礼貌。我想到我的恩师 Miss Glasdya Dodds，我讲大课有关'子宫内翻'时总要对学生提起她，那次是怎样帮助并教导我抢救病人的。30 年后我再访问伦敦，托人送去了礼物，她来电话嘱咐我一定来爱丁堡看她，但我不能脱离团体。她写信给我说：'作为一个妇女当上了教授是不容易的。我想这里和英国不同，女教授很多。'她想来北京看看，但不久即离开了这个世界。我只能在这里寄托我的哀思！"

这件事就这样永远成为遗憾。当然也有相对幸运一些的，比如张丽珠曾回忆与 Margaret Lee 的联系：

"我回国后一直未和她联系。1980 年我再访英国，她已结婚，改了姓，无法找到。同时，她也在设法打听我，知道我在北京工作，我们又联系上了。有祺先去了英国，见了她和她的丈夫。原来她的丈夫 Aldis 曾在重庆传教教书，后来他们在香港结了婚。怪不得 Margaret 对中国人一直有好感呢。1990 年我又在英国见到她，Aldis 已去世，我又住在她家几天，她开车送我去剑桥的

Bourn Hall。"

这些情感是真挚动人的，但张丽珠在国外的时候总是匆匆的，很难与亲朋久聚，她将大部分时间花在公务上，或者宣传我国在计划生育和妇女保健方面的成就，展示我国妇女在政治生活与社会建设中的作用，或者考察各国妇产科学进展。1980—1982年，她数次参加国家妇女代表团，出访欧、非、拉美等地的多个国家。曾与她一起出访北非的一位妇联干部回忆说：

"我印象极为深刻的是，1982年5月、6月陪同全国妇联副主席黄甘英率领的四人妇女代表团访问埃及、突尼斯、摩洛哥三国。代表团的另外一位重要成员是我国著名的妇产科专家张丽珠女士，我与另外一位讲法文的同志负责具体工作。此次可以算作全国妇联恢复工作之后对阿拉伯妇女界的一次重要访问。……代表团受到高规格的接待……我方仅仅4人的代表团却成为一列车队，车队前由摩托车开道，军警列队迎送，群众载歌载舞，中阿妇女间的友谊尽体现在这种锣鼓喧天的热烈气氛中。盛大的场面让人至今记忆犹新，难以忘怀。"

见惯了大场面，张丽珠最钟情的却还是实验室和手术台。虽然从事了一些对外交流活动，但她一直坚持不让这些"副业"影响自己的本职。

开展科学研究

"文化大革命"结束，张丽珠的职务和工作逐步得以恢复，此时她已经年近六十，很多人这时已经准备回家含饴弄孙，静享天伦之乐了，可她却享不了这种清福。一方面"文化大革命"造成的人才断层使她不得不继续坚守在岗位上，另一方面科学的春天刚刚到来，她也想在日益改善的条件下做出些成绩，追回流失的岁月。

1980 年前后，张丽珠在北医三院妇产科推进的工作，主要有两方面。在临床诊疗方面，根据国内外医学的发展形势，开展腹腔镜技术；在基础研究方面，1978 年建立生殖内分泌实验室，继续开拓相关研究。依然是基础、临床两手抓，二者缺一不可。

20 世纪 70 年代末，张丽珠意识到腹腔镜在妇科临床上的重要性，开始想办法开展相关工作。最初，她借助消化科检查肝脏用的内窥镜检查妇科盆腔脏器，积累了一些临床经验。在此基础上，她积极向上级申请购置了腹腔镜，于 1982 年正式开展腹腔镜诊断，并配合两名博士生完成了子宫内膜异位症课题中的临床部分。经过长期摸索、学习、添置设备，到了 90 年代，北医三院妇产科已经可以使用腹腔镜进行多种手术。这些手术损伤小、出血少、恢复快、住院日短，是开腹手术的一场革命，深受患者的欢迎。

在基础研究上，张丽珠选择开展生殖内分泌研究，其实仍是在延续之前的工作。她曾经回顾自己来到北医三院之后所做的研究工作：

"因为（1960年前后）研究的重点还是做妇科肿瘤，可是根本没什么肿瘤，所以就转向妇科内分泌、月经不调。就这么根据当时的事情改变来调整我的研究方向，后来就从肿瘤改向妇科内分泌，改到月经不调，以后又改到不孕，到后来做试管婴儿，做出了我们中国第一例试管婴儿。"

张丽珠说来轻描淡写，但这背后却有着无数的艰辛劳动、心血汗水。她带领科内同人，开展了很多工作，其中有些在国内处于领先地位。在此期间，妇产科建立了遗传学实验室，对闭经、性分化异常病人从事染色体核型分析。1984年以后，研究的重点集中到试管婴儿。

在这短短几年里，张丽珠的工作取得了不少引人瞩目的成绩，受到国内外医学科学界的重视，使北医三院妇产科的内分泌理论研究在国内取得领先地位，并为1978年正式成立生殖内分泌研究室奠定了基础。

张丽珠的工作能够顺利开展，不仅因为自己能埋头工作，还由于她在找到有研究前景的课题后，能够充分调动资源，同时将一批人才团结在自己周围，充分调动他们的工作积极性，共同完成研究工作。生殖内分泌实验室建立后，她通过与中科院动物研究所合作，获得了世界卫生组织的试剂，建立了血清各种生殖内分泌的放射免疫测定。1978年研究生招生恢复，她很快就给找来的学生找到了合适的课题。同时，因为研究任务繁忙，她还充分调动自己以前的学生来参与工作。刘又天回忆说：

"1978年，北医三院借调我去协助张老师开展内分泌方面的研究工作。在研究生毕业二十年后能有此良机，又回到老师身边深感荣幸，在我到北京前老师已做好安排。研究题目是关于LRH对垂体的影响及其在临床应用方面的问题。在张老师指导下，我参加了内分泌专科的临床工作，并做了大量动物实验和部分激素检测，定期与老师讨论阶段研究成果。张老师掌握学术发展新动向，知识渊博，我受益匪浅。两年间完成'LRH兴奋试验在闭经患者临床应用的意义'研究工作，对当时我国妇产科界探讨LRH的临床应用有重要意义。"

1984年，张丽珠被聘为博士生导师后，她立即启动招生。第一位博士生杨池荪在一封信中这样回忆她的指导：

"25年前，我从甘肃农村来到北医三院妇产科，那时我仅仅是毕业 10 年的一个农村基层医生，不知道什么叫做科研。在您的教导下，我逐渐懂得了如何收集病历，如何进行实验，如何分析实验结果，如何书写论文。您亲自带我联系实验，亲自批改我的病历报告，对我的论文更是不厌其烦地指导批改。硕士毕业后，您鼓励我克服困难，使我有幸成为三院妇产科第一位博士研究生。我所取得的点滴成绩，都凝聚了您辛勤的汗水。"

1984 年之前，张丽珠主要在妇科内分泌研究方面完成了如下工作：建立血清生殖激素放射免疫测定，开展 LRH 兴奋实验，开展雌、孕激素受体测定等。同时她还培养了一批研究生，其中一些人得以留院工作。这些工作经验的积累和研究人才的储备为她下一步的试管婴儿工作奠定了良好基础。

初识试管婴儿

作为妇产科医师，多年来张丽珠接触了大量不孕不育症患者，对她们的病情了如指掌，对她们的痛苦感同身受，并深知这不仅是一个重要的婚姻和家庭问题，还会因一系列伦理与心理反应引发诸多社会问题，直接关系着人们的身心健康、夫妻感情、家庭和谐乃至全社会的安定团结。而在我国尤其是广大农村地区，国人有限的科学文化水平，加之传统落后思想的阴影，使不孕不育的责任和过错更多地被加在女方身上，这就使女性患者承受着更深重的压力和痛苦。张丽珠曾在一篇文章中介绍一位湖南妇女的遭遇与感受：

"一位湖南患者因输卵管阻塞婚后八年不孕，婆母盼孙心切，天天愁眉苦脸，丈夫叹气连天。患者本人像犯了弥天大罪的囚犯被宣判死刑一样痛不欲生，其全家也处于极度苦难之中。（她在）信中写道：'我为这个家哭泣，更哭自己命苦。八年来，每天耳闻目睹老人悲憾的面容，丈夫伤感的目光，亲朋好友怜惜的安慰和不怀好意的咒骂，我就像一个罪孽深重的罪人，忍受着伤心、痛苦、绝望和耻辱……'"

为了在临床上解除这些患者的问题，将她们从水深火热的痛苦之中解救出来，张丽珠在生殖内分泌实验室开展的工作一直关注着国内外的相关研究。试管婴儿技术的出现，让她看到了解决问题的途径。

辅助生殖技术（Assisted Reproductive Technology，ART）是现代生殖医学在高端科技方面的集中体现，指的是代替人类自然生殖过程某一环节或全部环节的现代医学技术手段。关于其内涵及外延，国内外尚存在不少争议，但大家普遍认可，1978 年 7 月 25 日，全球首个试管婴儿路易斯·布朗（Louise Joy Brown）的诞生是现代 ART 发展史上具有里程碑意义的事件。

试管婴儿技术即体外受精－胚胎移植（In Vitro Fertilization and Embryo Transfer，IVF-ET）在科技史上有若干先驱，但直到 20 世纪 50 年代，才由华裔科学家张明觉取得了突破性的进展。1947 年，张明觉以冷冻卵子移植的方法培育出了幼兔。1951 年，他为哺乳类卵子体外受精成功奠定了理论基础。1959 年，他在英国《自然》杂志发表《兔卵的体外受精》一文，第一次发布了兔子体外受精及随后将胚胎移植到子宫，并顺利产下兔崽的成功案例，结束了生殖生物学界几十年来对哺乳类卵子体外受精能否成功的争论，开创了 IVF-ET 技术。

此后，IVF-ET 技术很快在畜牧兽医学界得到更深入的研究和推广。妇产科学界也有不少有识之士开始关注并开展研究，英国剑桥大学的生理学家爱德华兹（Robert Geoffrey Edwards）就是其中的佼佼者之一。他1960 年开始研究人类的受精问题，1968 年在实验室首次完成人类卵子的体外受精。经过多年艰苦工作，1978年他终于迎来了路易斯·布朗的诞生，在国际上引起强烈反响。第二例、第三例、第四例试管婴儿相继在印度、英国和澳大利亚降生。

1975 年，张明觉应邀回国讲学，但当时国内对其科研成就，在 IVF-ET 技术方面主要关注其在兽医领域的应用，在妇产科方面主要关注其发明的口服避孕药。1978 年他再度归国时，路易斯·布朗已经出生，在国内也有少数人开始关注。因此，9 月 30 日他在中国科学院动物研究所与国内专家座谈时，虽然内容主要还是关于计划生育基础理论以及畜牧生殖生理，但讨论中也简单地涉及试管婴儿。

虽然有了初步了解，不过当时国内限于科研条件，并没能很快启动相关工作。张丽珠此时已经意识到腹腔镜今后在妇科临床上的重要性，开始想办法开展相关工作，但她尚未特意关注试管婴儿技术，但随着试管婴儿技术的影响越来越大，张丽珠意识到了这一技术在临床上对病患的巨大价值以及在研究上的广阔前景。因此一方面她在国外考察时开始注意相关技术，另一方面开始积极搜集相关文献资料：

"我院妇产科张丽珠教授 1984 年根据一盘英文磁带录音，整理、综合，有远见地提出了在中国进行体外受精、胚胎移植的研究工作。"

搜集资料的工作当然远比这要复杂、困难得多，张丽珠曾经依靠"翻阅一些兽医的书"来了解 IVF-ET。

更复杂的是，对于开展这方面的工作，当时国内除了缺少技术、设备、资源的支撑外，还存在思想上的认识误区。当时国内对计划生育的认识正在转向强调生育越少越好，很多地方都制定了严厉的惩罚措施，因此妇产科学界很多人对不孕不育的治疗不够重视。这一偏见直到20世纪80年代末才得以有所纠正：

"在我国不孕症患者很多，给妇女本人及其家庭带来诸多痛苦。但在相当一段时间里，由于不正确地理解计划生育，忽视了不孕症的调查研究和临床诊断治疗工作。"

虽然有这样的反对声音，但张丽珠还是不忍心放着可能的技术手段不去开发，却坐视不孕症患者在痛苦中煎熬。于是，在这样不利的内外部环境下，出于作为医师治病救人的责任感和作为母亲将心比心的悲悯情怀，张丽珠于1982年决定开展试管婴儿的研究工作，此后几年一直将大量精力放在这一研究上。其间，有外国专家应国家有关部门邀请来到北京，给十几对中国年轻夫妇行 IVF-ET，竟无一例成功。有两位美国专家带了全套医疗器械应邀在广州做了 15 例也全部失败。1985 年以后，中国的台湾和香港有首例试管婴儿成功的报道，但也都是由有经验的外国专家帮助完成的。这些都没能动摇张丽珠开展自主研究的决心。

自主研究

在了解了关于 IVF-ET 的基础知识后，张丽珠组织妇产科的同事和研究生们，与北医基础医学院组织胚胎教研室一起开展相关的研究。一开始，条件是非常艰苦的，没有科研经费，缺少仪器设备。当年的硕士生刘平后来对记者说：

"就在一间不足 10 平方米的小屋里，我们就做起试管婴儿实验来了。当时，楼上正施工，二楼走廊里还堆放着施工用料和杂物……不怕你笑话，取了卵缺少恒温箱，我就怀揣着装有卵泡液的保温瓶，从产科一路小跑到组织胚胎室。"

就这样白手起家，张丽珠和大家一起惨淡经营、步步前进。详细来说，IVF-ET 要经过以下步骤：①刺激排卵，向妇女提供促排卵药物，刺激其卵泡生长；②取卵，当时国外一般是使用腹腔镜取卵；③体外受精；④胚胎培养；⑤胚胎移植。步骤是清晰的，但实际操作起来却并不简单。

第一个难关是取卵。IVF-ET 技术出现后，也有外国专家来中国推广，并先后在台湾、香港顺利取得成功。但他们在北京、广州等地连续做了十多例，却无一成功。令他们感到困惑的是，居然找不到卵子！根据之前的经验和调查，张丽珠找到了问题的根源，抓住了在国内开展 IVF-ET 与国外的一个重要不同之处：

"她（张丽珠）说难度大是因为中国人没有孩子跟西方人没有孩子的原因不一样，西方人没有孩子是因为她愿意把自己的事业先确立了，然后等到确立这些事以后，年纪大了，不容易怀孕了……它是一种正常生理的过程，但是国内的不孕有病理的原因，有好多是年轻的时候不能生，经常是因为输卵管堵塞。所以先要给她们治病，然后才能做这个。"

找到了症结所在，张丽珠在技术上采取了一些创新，改腹腔镜取卵为开腹取卵。据张丽珠总结："多年来在国际范围内大都沿用了腹腔镜取卵方法……我们最初采用开腹取卵同时手术治疗盆腔病，患者一半以上有全身结核病史，有 30.3% 经病理证实为输卵管结核，腹腔镜取卵会遇到较大困难。"有位记者复原了当时的工作情况：

张丽珠采取边治病边取卵的策略，即使取不到卵也能给患者治病，这样她就获得了患者的支持。

开腹取卵的过程大致是这样的：她在给患者治疗盆腔疾病、打开腹腔的同时，把手伸进去，尝试着摸到卵巢，然后再找卵泡，找准后再用针扎，将卵泡液取出来……整个操作过程完全凭感觉。

由于卵子很娇嫩，存活期很短，取出卵泡液后，就需要在极短的时间内取出卵子。取出卵泡液后，张丽珠便将试管装进一个送饭用的保温桶里，然后从医院的手术室，通过北医的操场，一路小跑来到教学楼二楼组织胚胎教研组，由胚胎学家在显微镜下寻找卵子。可是，气喘吁吁的她一次次失望了。终于有一天，组织胚胎教研组的人兴奋地告诉她："找到了，找到了！"

当时的科研条件之差，是今天的人们难以想象的。取卵用的针，是特制的。用久之后，针头磨秃了，由于国内买不到，张丽珠只好找到街头的钟表匠，重新磨好了针头。就是在这样的条件下，张丽珠迎难而上，最终取得了成功。与其说是她的土方法战胜了洋仪器，倒不如说她付出了比别人更多的耐心和汗水！

就这样，到1984年，张丽珠和同事们解决了取卵问题。这在初期是一个难关，现在的人们已经很难体会当时的困难和张丽珠她们所付出的努力。在成功取得卵子之后，由于当时尚不具备冷冻卵子的技术条件，唯一的选择便是立即进行体外受精试验，把卵子和精子放在一起让它们自然结合，当受精卵分裂时就成为一个胚胎。这一阶段看似简单，其实也并不容易。刘平回忆说：

"有时一两个月我们做二三十个，却一个也不成，可又找不出原因，因为每个环节、每个细节我们已尽了最大努力，加倍提高了保险系数。为了把握性大些、再大些，一个试管我们要冲洗上百遍，蒸馏水洗了再用超纯水冲，就怕重复使用的管子里有什么杂质，使卵子经过时带入培养液里去，可就是一次次的失败。有时我心里毛得待不下去了，没想到搞试管婴儿这样难。那段时间，张教授也急，她是课题总负责人，可她却常说：'这件事干成必须要有毅力。'现在回过头来看，多亏她带领我们咬着牙坚持了下来。其实，当时她完全可以说中国没条件，但那不是张教授的性格。"

经过一年多的不懈努力，到1985年9月，张丽珠她们终于在北京医科大学基础实验室里第一次获得人卵体外受精和受精卵分裂成功，成功培养出人类胚胎。这件事经媒体报道后，在国内引起了很大反响，充分引起了人们的好奇心与热情。随之而来的，有期待，也有批评。很快，张丽珠就听到了反对开展试管婴儿研究的声音。

有人说:"我们国家人口这么多,干吗还要搞试管婴儿啊?"甚至指责张丽珠与国家计划生育政策对着干。这又是与国外不同之处。路易斯·布朗出生后,国外的报纸批评也很多,但一般是从伦理角度,指责爱德华兹等人"扮演了上帝",又一次"打开了潘多拉的盒子",甚至指责布朗为"魔鬼的造物""弗兰肯斯坦之子"。在中国,批评的声音是基于计划生育政策来的。

其实这种批评是缺少人性的。中国人口再多,也根本不是那些患有不孕症的夫妇们的错,怎么能以人多为理由,剥夺她们对于生儿育女的最后一线希望呢?这些人狭隘、偏激地理解和执行计划生育政策,根本不顾忌他们评判针对的对象是活生生的人。张丽珠对这些批评是认真的,她查询了有关法律知识,认为自己的研究并不违反政策,而作为一名医生,满足患者的需求是她的天职。

成功培育出体外受精胚胎后,接下来需要将受精胚胎移植到患者的子宫内,这是整个试管婴儿技术过程中最关键也是最难的一步。1986年10月,这项研究得到认可,被列为国家"七五"攻关项目,题为"优生——早期胚胎的保护、保存和发育的研究",承担单位一共有三家:北京医科大学、湖南医科大学、中国医学科学

院（协和医科大学），三家签订的协议中规定临床妊娠
即为该研究成功。张丽珠回忆说：

"基金一共就 10 万块钱，三家医院一家大概 3 万，
大家互通有无，但不是都按照一个计划做，三家有各自
不同的计划。结果我们是第一个成功的。"

成功的得来并不是那么容易的。1986 年，张丽珠和
北医组织胚胎教研室的刘斌副教授等人经过努力，使体
外受精和胚胎培养的成功率达到了 85% 以上，但接下
来的胚胎移植却接连失败。面对同事的焦虑和外界的怀
疑，张丽珠却一直保持着平和的心态。毕竟，当初爱德
华兹做试管婴儿试验，直到第 41 例才出现阳性的妊娠
反应，结果一查，竟然是一个宫外孕！一直做到 102 例
才真正成功。张丽珠很清楚这其中的难度，胚胎移植成
功与否，不仅是技术问题，还与胚胎的质量好坏、移植
之后子宫内膜能否接受等方面有关系。这些问题，国内
尚无可以借鉴的先例，国外却早已有了成熟的经验。

张丽珠决定去国外相关机构考察学习。1986 年 8
月，她带着两名同事飞赴美国洛杉矶的"试管婴儿中
心"学习相关技术。在美期间，她访问了多个试管婴儿
中心，包括美国首例试管婴儿的诞生地东弗吉尼亚医学
院琼斯生育药物研究所（Jones Institute of Reproductive

Medicine），虚心向国外专家请教采卵与胚胎移植技术。回国后，她利用带回来的一些实验设备改进了实验技术，继续开展研究工作。

从 1986 开始，胚胎移植工作先后失败了 12 次。1987 年 6 月，张丽珠迎来了第 13 位受试者——来自甘肃礼县的乡村小学教师郑桂珍。郑家四代单传，为延续香火，父母给她找了一个倒插门的小伙子，但因为输卵管堵塞，结婚 20 年来饱尝无法生育之苦。她找到张丽珠求医的时候，已经 38 岁。

经过初步检查，张丽珠发现，郑桂珍的卵不多，质量也不好，子宫内膜的条件也不太好。最适宜的怀孕年龄，在 25 岁到 30 岁。之前的 12 例胚胎移植手术，很多母亲自身条件很好，都没有成功。因此，张丽珠并不看好郑桂珍。可是，在郑桂珍夫妇的再三恳求下，张丽珠还是决定试一试。

6 月 24 日，张丽珠给郑桂珍做了开腹手术，取得 4 个卵子；6 月 25 日，这 4 个卵子受精成功，并分裂出了 4～8 个细胞；6 月 26 日，为稳妥起见，张丽珠把这 4 个胚胎全部"种"到了郑桂珍的子宫内；7 月 10 日，与之前的 12 例不同，郑桂珍出现了早孕反应。随后，其中的 3 个胚胎自然萎缩，剩下的那个胚胎开始正常发育。

终于看到了成功的曙光，大家稍感意外，但更多的是惊喜。张丽珠自己也说：

"孕育生命，实在是一件复杂而神奇的事……说实话，我并不知道这一次能够成功，虽然每一次，我都尽了百分之百的努力。"

胚胎移植成功后，郑桂珍就留在了北京，住在三院附近一处农户家里，以方便医院随时观察。随着预产期的临近，考虑到产妇年龄过大，为了防止合并症，加上胎儿非常宝贵，张丽珠决定亲自给她实施剖宫产手术。

1988年3月10日，北医三院妇产科产房外围满了闻讯而来的媒体记者。8时56分，人们终于等到了期待已久的新生婴儿啼哭声。手术室内，张丽珠亲手拭净了新生儿身上的污物，检查无异常后，微笑着抱起了这个孩子，并深情地低头凝视这个新生命。这是个女孩，她的父母为她取的名字叫"郑萌珠"，既含有初次、第一例的意思，又表示对张丽珠的感谢。

走出手术室，中央电视台的记者提问说："张教授，我国为什么要进行试管婴儿的研究？"张丽珠回答道：

"试管婴儿的工作并不只是多生几个孩子的问题，它有深远的科学意义，而且它代表一个国家或者某一个地区的科学技术水平。我们这个试管婴儿成功，它可以带动很多的研究，比如，我们对于生殖医学、生殖过程更深入的了解，而且对于遗传学、免疫学，还有早期胚胎学都可以带动起来。这样的话，我们可以进一步为计划生育和优生学服务，所以它的意义是很大的。当然，对于不孕症的妇女来说，这也是一个治疗措施。"

萌珠的诞生，标志着北医三院已经掌握了 IVF-ET 的整套流程，填补了国内的空白。1988 年 7 月 15 日，卫生部组织专家对张丽珠等人承担的试管婴儿项目进行了鉴定评估：

"参加鉴定会的专家们指出，大陆试管婴儿的降生，是我国近代医学技术应用于临床的重大突破，其意义不仅限于为某些不孕妇女提供了生育后代的可能性，更标志着我国基础医学和临床医学达到了先进水平。专家们对两位科研主持人的严肃求实态度给予了较高的评价；对他们立足国内条件，因地制宜，克服物质条件上的困难，设计出适合我国应用的仪器和其他有关设备的创造精神表示赞赏。专家们一致认为，北医大张丽珠教授、刘斌副教授在同事们协助下取得这项成果，具有国内领先水平。"

对于 67 岁的张丽珠来说，这远不是终点，而是新事业的开端。为了更好地为患者服务，推动相关领域的研究，她还有很多工作要做。

前沿无止境

1988 年，首例试管婴儿成功后，张丽珠并未停滞，而是继续开展相关研究，并先后取得一系列成果。1989 年年底，她越过腹腔镜取卵，采用 B 超下一根针从阴道取卵，在边上的屏幕可见到子宫和卵巢，转动探头，可见到卵巢的卵泡，送入针导，对准卵泡穿刺，负压吸取卵泡液，卵泡液进入试管。这种方法创伤最小，并可重复进行，因此之后就被列为常规取卵法。

首例配子输卵管内移植婴儿

郑萌珠诞生 8 天后，也就是 1988 年 3 月 18 日，国内首例配子输卵管内移植婴儿（Gamete Intra Fallopian Transfer，GIFT）在北医三院诞生。《健康报》对此有详细报道：

产妇是位结婚 7 年患原发性不孕症的北京女工，今年 33 岁。1987 年 7 月 2 日，她在北医大三院接受了配子输卵管内移植术。7 月 12 日检查，尿妊娠反应呈阳性。8 月 3 日 "B 超" 检查见到胎囊、胎芽及胎心搏动，表明临床妊娠成功。

配子输卵管内移植术是"试管婴儿"派生的一种新方法。它们之间的区别是：试管婴儿主要是解决有排卵能力而输卵管堵塞的不孕症；配子输卵管内移植法则适用于患子宫内膜异位症、严重宫颈疾患及不明原因而输卵管完好的不孕症，它是将手术取出的卵子连同已经处理的其丈夫的精子一起注入输卵管壶腹部，待卵子在输卵管内受精后移向子宫着床。配子输卵管内移植法由于授精、着床都在体内，因而更利于胎儿的生长发育。

刚刚为这位女工做完剖宫产手术的张丽珠教授告诉记者，配子输卵管内移植的英文名称叫 GIFT，是配子、输卵管内、移植这 3 个词的英文字头缩写。这一缩写正好是英文"礼物"的意思。用这种方法生出的婴儿，可以说是医生送给母亲的一件"礼物"。

这项成果于 1988 年获北京市科技进步奖一等奖。

首例赠卵试管婴儿

虽然试管婴儿技术使众多不孕者看到了希望，但还是有很多患者由于年龄或体质原因导致无卵子或卵子不可用。为帮助这些患者解决问题，张丽珠引入了赠卵方式。1991 年，她采用赠卵使一位因染色体异常、自身卵细胞不可用而屡次怀孕失败的患者有了自己的孩子，由此，中国内地首例赠卵试管婴儿于1992年出生。当时的《人民日报》报道说：

我国大陆首例赠卵试管婴儿于6月12日诞生。这名健康男婴体重3525克，身长52厘米，已于近日出院。去年10月，男孩的母亲在北京医科大学第三临床医学院妇产科用别人赠送的卵子和自己丈夫的精液，通过体外受精－胚胎移植的办法妊娠成功，这是在这所医院诞生的第33个试管婴儿。

首例冻融胚胎试管婴儿

1995年，在张丽珠主持下，我国内地首例冻融胚胎移植成功。当时的《中国年鉴》详细记述了来龙去脉：

1995年2月6日上午9时5分，在北京医科大学第三附属医院的产科手术室里，著名妇产科专家张丽珠教授和她的助手，欣喜地迎来了他们缔造的第81个试管生命。与12亿同胞不同的是，这位小姑娘在人之初曾有过一个月的－7℃至－19℃的低温生活经历。她是中国大陆的首例"冻融胚胎移植试管婴儿"。

据介绍，孩子母亲因患染色体核型异常45XO特纳氏综合征（正常女性为 46XX）而先天无卵巢，只有子宫及阴道。结婚后又发现丈夫患无精症。可是，他们二人都希望有个孩子。

去年 5 月 25 日，6 个冻融胚胎顺利地移入患者子宫，6 月 9 日即出现妊娠反应阳性，怀孕 6 周做经阴道 B 超检查，发现孕妇子宫内出现一个胎囊和胚芽，还有搏动的原始心脏，怀孕 24 周时 B 超证实胎儿一切正常，最后经剖宫产娩出这个健康婴儿。

据张丽珠介绍，自 1988 年 3 月 10 日中国首例试管婴儿诞生，先后 80 例试管婴儿都是由新鲜胚胎植入子宫成活的。尽管操作程序复杂和制约因素多，六七年来这项技术的妊娠成功率仍已从 6％提高到 26％。用胚胎冷冻贮存的办法来完成试管婴儿的移植，可以简化取卵和体外受精等的技术操作，提高不孕症患者妊娠成功率。

冻融技术是把志愿者捐献的新鲜卵子和精子在试管受精生成胚胎，在胚胎细胞分裂过程中，用人工方法使胚胎逐渐进入低温状态，最后达到 −19℃的低温予以冷藏。需用时再以特殊配制的融解剂，使冻胚胎解冻。解冻的胚胎经清洗，洗净融解剂才能移植至受孕者的子宫。据报道，1985 年第一例"冻融胚胎移植试管婴儿"在英国诞生，至今在全世界已超过 100 例。近年，美、英、日等发达国家建立了不少类似的研究中心，研究成果不断问世。目前国际上普遍认为这项技术是人类生殖医学工程上的重大进步。以这个跨越为基础，冻融技术可以推广至细胞组织和器官的移植上，并产生巨大的突破。此外，这项技术在早期胚胎和遗传研究上也有重大理论价值，对优生学研究将有重要推动作用。

尽管"冻融胚胎移植"是一项引进技术，但张丽珠教授仍指出，在这项高科技领域中，我们使用的方法没有生搬硬套，而是创造了适合国情条件的独特"土"方法。其中使用的生物化学方法并不多，"人"的技术含量比例却相当大。

首例代孕婴儿及相关伦理问题

仍是在张丽珠主持下，我国首例"代孕母亲"试管婴儿于1996年在北医三院出生。她认为适用代孕的病患指征是：患者多次人流后，前一次妊娠5个月时子宫破裂而不能承受再次妊娠负担；已行绝育；结核性宫腔粘连；先天性无子宫；子宫体腺癌摘除了子宫。

虽然有严格限制，但代孕还是在国内引发了激烈的争论。赞成者认为代孕为那些妻子患有肾脏和盆腔疾病或做过子宫切除手术，或者怀孕会严重影响其健康和生命的夫妇带来了为人父母的希望，是人道的，不应禁止。反对者则认为，国内的代孕多数是商业性的，与人类辅助生殖技术系慈善性、福利性医疗行为的本质不符；即使是无偿的人道主义行为，也会产生很多法律伦理问题，并且可能会破坏我国的计划生育。2001年2月20日，卫生部颁布了《人类辅助生殖技术管理办法》（自2001年8月1日起施行），其中第3条规定"医疗机构和医务人员不得实施任何形式的代孕技术"，从而代孕在我国被全面禁止。

其实，张丽珠早就注意到了试管婴儿技术发展中的伦理问题，早在开展冻融胚胎研究时，接受治疗的患者是一位患有先天性无卵巢无月经的妇女，其丈夫又患有无精症。由于好奇，媒体不断地要求会见患者，对此张丽珠表示坚决反对，有人猜测其中必有隐情。面对人们的误解和质疑，张丽珠指出：一些人不懂得希波克拉底誓言中的深刻含义——医生除了无私地为病人进行诊治外，还要尽量保障病人的隐私权。

由于能接触到各种有难言之隐的病人，对她们的痛苦有切身感受，张丽珠认为《人类辅助生殖技术管理办法》中的规定过于笼统、不近人情，并在不同场合呼吁对此加以改进。有媒体曾经报道：

2004 年，被称为"中国试管婴儿之母"的张丽珠已退休在家，她收到一群不育患者寄来的联名信，其中有一段写道："现代医学允许捐肝、捐肾、捐精，为什么就不允许捐卵和代孕呢？再好的科学技术不造福人类，又有什么用呢？"对这些家庭来说，无法生育的痛苦始终像块巨石结结实实地压在他们胸口。

后来，在杭州召开的第一届中华医学会生殖医学分会上，张丽珠公布了这封信，引起了会上许多专家的讨论。

最后，由专家组提出的建议是：代孕不宜一律禁止，而应严加限制。在制定好相关法律的同时，可以由卫生部授权个别高水平的医学院附属医院成立代孕小组；实施代孕之前，由伦理委员会审议，并向卫生部指定机构申请。"这样既可以防止代孕泛滥和倒卖卵子，也可以为那些不幸的患者带来生活的希望。"张丽珠说，"伦理和人类的幸福都要兼顾"。

这一方案并未得到有关部门的反馈，而且不止禁止代孕，2002 年国家卫生部又出台了限制赠卵的规定，凡是需要借助他人卵子受孕的，其卵子只能取自其他做试管婴儿者多余的卵子。事实上，很多做试管婴儿的人并不愿意把卵子捐给别人。面对这种局面，一边是法律法规，一边是患者，张丽珠心情非常矛盾，她曾对媒体说：

"我记得很清楚，当年一个校医务室的大夫，原来生活很美满，儿子在上大学时遇车祸不幸死亡了。她非常痛苦，很想再生一个，可自己已经四十多岁了，就采取接受赠卵的办法又生了一个孩子。我们做的六例代孕试管婴儿，全是子宫腔粘连、先天性无子宫或后天子宫被摘除的情况，代孕技术对她们非常有意义。"

尽管如此，张丽珠也意识到赠卵和代孕中存在血统问题、伦理问题和商业化问题等无法回避的难题。虽然对"一刀切"的管理方式颇有微词，但张丽珠还是遵照国家有关规定，回绝了病人的请求。

研究拓展与人才培养

从 1959 年起，张丽珠开始指导北医三院妇产科第一批研究生，"文化大革命"后于 1978 年开始恢复招收硕士生，1984 年被评为博士生导师，直到退休她一共带出了 18 位硕士、博士研究生。这些学生当中，有的成为奋斗在一线的优秀医师，有的继续埋头在实验室中研究生殖医学，也有的已经走上医院的领导岗位，他们大都继续坚守着医学事业，继承了老师的操守和志业。

20 世纪 80 年代以来，张丽珠带领科室同人及研究生将主要精力集中在"试管婴儿"相关的实验及临床研究上。直到退休，除进行人体外受精、胚胎移植临床工作外，她还就生殖内分泌问题开展了多层次多方面的理论研究。

这些研究使得北医三院确立了我国生殖内分泌学研究中心之一的地位。

张丽珠不仅在学业方向上给学生们扎扎实实的引导，在学术方法、工作态度、生活态度等各方面都会加以悉心教导，使学生们受益终生。有一位学生在出国后写信给她说：

"1984年我接受您的面试，第一次踏进妇产科的情景历历在目（记得是考我门诊盆腔炎症的病人）。当时的我非常激动、紧张，十分仰慕您，渴望成为您的研究生，希望能像您那样把一生献给妇产科事业。想想我真的很荣幸，能有机会在您、经大夫及其他老专家的指导下，完成研究生学业，并能继续在您的指导下学习、工作。在妇产科难忘的十三年中，有苦、有乐、有笑、有哭、有辛苦，更有收获，让我从一个稚气的大学生成为一名有一定专业知识的妇产科医生。您踏实、认真的工作作风，严谨、科学的逻辑思维，漂亮的英语，令我和其他年轻大夫佩服、羡慕至极，也备受鼓舞和启发；更令我钦佩的是您的敬业精神，敢于挑战困难，不妥协，锲而不舍地对事业执着追求，在现今时代已是十分罕见。您对下级大夫要求非常严格，有时我真觉得有点受不了；但每次回头再看，发现收益的确不小，于是心存十二分感谢。现在到哪儿去找这种严格、认真的导师？我每想到您，都觉得十分幸运，那是一段塑造现在的我，并让我终身受益的经历。"

辛苦奋斗换来的是累累硕果、后继有人。

除了培养研究生，张丽珠还积极采取多种渠道推广试管婴儿技术，以便造福更广大的病患人群，主要方式有：①举办了最早三届关于辅助生殖技术的学习班，将技术传播给全国同行；②参加学术会议，在会议上汇报研究进展，比如：1988年5月6—9日，中华医学会妇产科学会第一届全国妇产科内分泌学术交流会在石家庄召开，张丽珠应邀做了关于"体外授精、胚胎移植和配子输卵管内移植"的学术报告；1988年12月17—22日，由卫生部和国家计划生育委员会联合召开的全国计划生育技术经验交流会在广州召开，张丽珠应邀报告"胚胎移植、配子输卵管移植"的情况；③撰写研究论文和介绍性科普文章，向业内外人士广泛推介试管婴儿相关知识。

医心精诚

1988年3月10日，我国大陆第一例试管婴儿诞生后，随着媒体的报道，国内反响强烈，广大不孕不育患者看到了一线曙光，询医问药的咨询信函纷至沓来。截至1992年9月，仅张丽珠本人就收到了来自全国各地患者的6300封信。她和同事们对来信一一拆阅、分项统计，并进行了科学分析，认识到"中国人的生育伦理观受封建陈旧观念影响较深，并没有随着经济基础的变化而发生转变。不育症患者，特别是女性患者受落后思想的影响和束缚，痛不欲生，处于精神和社会舆论的折磨之中。家庭是社会的单元，家庭不和睦，社会也不安宁"。基于这一点，张丽珠产生了强烈的责任感，努力争取为更多的患者解除痛苦、带去幸福。1993年的一封洋溢着幸福和感恩的患者来信更加坚定了她的这种信念：

北医三院的医生、护士：

在我们的儿子京京满月之际，我们怀着无比激动和喜悦的心情，向成功地为我们进行试管婴儿试验的教授、专家和医护人员报喜。2月18日，京京在剖宫产后顺利地降临到这个世界，体重3800克。是您们精湛的技艺、崇高的医德和无私的爱心，使我和妻子结束了"十年怀胎"的艰辛历程，给了我们一个完整的家庭，使我们能够享受到与正常人相同而又不同的那份幸福。我们在千里之外的滨江之城，向您们表示衷心的感谢和崇高的敬意！

一位朋友赠给我们一句吉言："十年怀胎喜得贵子，百年之子永结同心。"的确，为了这一天，我们整整搏斗了十年，就在蜜月刚刚度过不久的一个夜晚，妻子突然因宫外孕输卵管破裂大出血被送进医院生命垂危。之后，妻子多次习惯性宫外孕，次次大出血，晕厥、休克，艰难地挣扎在死亡线上，她多次在黄石最好的医院请最高明的医生做过输卵管吻合术，1988年还到武汉做了显微外科输卵管吻合术，但是每次都是在我们充满无限的希望之中失败了。希望与痛苦汇成了我们这10年生活的主题。

去年2月，我们在几乎绝望的情况下，怀着最后一线希望，慕名来到北京医科大学附属第三医院妇产科。张丽珠教授、李美芝教授、陈贵安副教授和妇产科的医护人员热情地接待了我们。在治疗期间，我们精神上得到了安慰，生活上得到了悉心照顾，经过两次总共半个月的住院治疗，我们终于看到了等待10年之久的希望之光——妻子终于成功地怀孕了。我们禁不住要送上礼品聊表谢意，可他们婉言谢绝。

今年的早春二月，我们终于幸福地有了一个活泼可爱的男孩。

孩子出世后，我们的父母、兄弟姐妹、亲朋好友和领导同事，都来道喜、祝贺和我们一道分享这份幸福和喜悦，黄石市副市长王远璋同志为小孩起了富有纪念意义的乳名"京京"。我们夫妻给过去和现在的工作单位送去了象征吉祥如意的红鸡蛋，并在京京满月之际，举办了满月晚会，人们尽情地点歌，衷心地祝福，我们在欢乐中陶醉……

"有过多少往事，仿佛就在昨天；有过多少朋友，仿佛还在身边……"歌声，使我想起了过去十年中关心照顾我们的那些好心人，更使我想起了远在北京的白衣战士，是他们赐予了我们幸福，是他们给了我们一个完整的家……千言万语汇成一句话：是他们给了我们生活的信心和希望！

湖北省黄石市政府办公室　杨智

湖北省黄石市中医院　肖瑛

在张丽珠退休之前，北医三院妇产科每年收治不育症患者250～300例，试管婴儿团队一直处于满负荷运转状态，而受孕率也一直稳步上升，逐渐达到世界先进水平。

试管婴儿方面取得的成绩有目共睹，但这并不是张丽珠临床工作的全部。作为妇产科，科室的日常诊疗工作主要还是面向广大普通产妇和妇科病患。尽管试管婴儿的工作更能吸引眼球，但张丽珠从来没有因此忽视其他方面的工作。她依然以极大的热忱和精湛的技艺面对每一位来院求医的患者。下面这个故事很好地刻画了张丽珠作为妇产科医生的形象：

今年已届 92 岁高龄的我国著名妇产科专家张丽珠，曾在 1988 年精心培育了我国大陆第一例试管婴儿，被尊为我国"试管婴儿之母"。其实，她本是一名妇科肿瘤的专家，成功地挽救过无数癌症患者的生命，我母亲就是 1984 年由她治愈的。

母亲和张丽珠教授的缘分

当年，我母亲刚去北医三院时，找不到妇科门诊，便想打听。恰巧看见一位穿白大衣的长者，在年轻人的簇拥下走来，急忙上前询问。没想到老大夫一边用手指着说："就在这里"，一边又说她也去妇科，让母亲和她同往。

在门诊经过检查，医生发现母亲的病情已经危急，须立即手术。这时正好老大夫又带着学生进来，听门诊医生和学生称呼她张主任，才知道她是我国著名妇产科专家张丽珠！

张教授看了我母亲的诊断，劝我母亲尽快手术。母亲说："我是个家庭妇女，没什么文化，因为害怕，手术已经拖了多年。"张教授立即说："不要害怕，我来给你手术。"一旁的医生告诉母亲：张教授是专门医治妇科肿瘤的权威，有着丰富的临床经验，想请她治病的人排长队……

听了介绍，看到张教授和蔼可亲的样子，特别是见她答应在百忙中亲自为母亲主刀手术时，母亲的恐惧顿时去掉大半。她满怀着对张教授的景仰和敬重，住进了医院。思想简单、缺乏知识的母亲幻想着，做了手术就万事大吉了。

手术台上张教授亲自主刀

事情并非如此简单。当打开母亲的腹腔，取出切除的卵巢，拿给等候在手术室外的父亲和弟弟、妹妹看时，连我们这些外行的家属，也看出那些器官的恶变。

手术台前的张教授，不用等病理化验，凭她长期的经验，就可以断定母亲是卵巢癌！她不仅留下做化验的切片，而且当机立断地在母亲的腹腔埋下一根细细的导管，准备化疗和放疗。考虑到母亲体胖，腹部脂肪厚，在缝合时，张教授还提出加了张力线。母亲的妇科全摘除大手术得以顺利、安全、完美地完成！

一星期后，由唐华大夫给母亲做了第一次放疗——通过预留的导管，注入胶体磷，出院回家。两周后，再次住院，第二次注入胶体磷，拔除腹部导管，拆掉刀口缝线。再往后，就是不断地进行化疗。从开始的两周一次，到每个月一次，再两个月、三个月、半年、一年一次、两年一次，连续做了十年，究竟有多少次，连我母亲自己也记不清了。

她记得的只是那些年里化疗的巨大痛苦和折磨：当药液通过静脉，滴进体内后，就开始恶心，翻肠刮肚地呕吐，吐得昏天黑地、不吃不喝、晕晕乎乎，药液输多久，就呕吐多久。好不容易输完了，再呕吐一夜，第二天清晨刚平静一点儿，又开始新的输药了。三四天下来，母亲已经是憔悴不堪、虚弱之极。

性命相托　信任大夫

在多年的化疗过程中，张教授和妇科的其他医护人员，总是给予我母亲巨大的关怀和鼓励。1987年张教授调到生殖中心后，由顾芳颖、袁虹、唐华、高荣莲等主任医师，继续给我母亲做化疗。无论在门诊、在病房，还是在楼道，或者院子里，只要张教授遇到我母亲，一定要站下来，仔细询问一番，医患彼此如同亲朋好友一般。

母亲在住院中，结识了许多病友，都是和母亲几乎同时做了卵巢癌手术的，其中有的人因为不能忍受化疗的痛苦，选择了注射干扰素、用偏方、吃高档保健品、练气功等方法。我母亲却说："我一个家庭妇女，既不挣工资，又没公费医疗，还没什么文化，我也不懂得给大夫出主意，大夫说怎么治，就怎么治，我听大夫的。"话虽朴素直白，却很有道理，后来这几个患者都陆续去世，而我母亲则坚定不移地把化疗进行到底。

当年我母亲在化疗的痛苦中煎熬时，曾经多少次有气无力地睁开眼，看见各位医生、护士的慈祥面容，听到她们细声细语的亲切安慰时，就坚定了一定要活下去、要战胜癌魔的决心！母亲说："我放弃了化疗，就太对不起张教授和妇科的那些大夫了！"

至于妇科的护士小刘、小田、小宋等，更像家里人一样，总是无微不至地体贴我母亲。有一次，护士长郑菊兰见母亲发愣，就问："您想什么呢？"

"我想，天冷了，我来不及做棉袄了。"母亲实话实说。

"没关系，做不得，我帮您！"护士长快人快语。

母亲自然不能为棉衣去麻烦护士长，但是这句话，让她刻骨铭心。

毫无疑问，张教授和顾大夫、高大夫等诸位医生的精心治疗和郑菊兰等护士的悉心护理，是母亲能够坚持化疗的原因之一，谁能说，母亲的第二次生命不是她们给予的呢？

当1994年我母亲带着北医三院妇科的介绍信，去中国医学科学院肿瘤医院和北京协和医院妇科进行鉴定时，一致认为我母亲的治疗非常成功。从此母亲停止了化疗，只进行定期的复查和化验，是医患携手，创造出我母亲战胜癌症的生命奇迹！

治病救人　医患心心相印

如今，结束化疗有19年了，86周岁的母亲，不但自己生活自理，而且精心照顾着我这个残疾的女儿，她获得了第二次生命，我的生命质量才得以保持和提升，这让我们全家怎能不对医护人员感激涕零呢？

母亲只是一介草民，无职、无权、无地位、无收入，能够遇见张丽珠教授，是三生有幸！每当我母亲听到张教授对别人提起她时，总是说："这是我的病人。"张教授把病人称为"我的"，这语言是多么纯粹，多么美好啊，它不带有任何功利性和虚伪性，完全体现一种职业的高度，一个不由自主的高度。这不正是医患和谐的体现吗！

当初张教授主动提出给母亲做手术时，我们竟然没有想到送"红包"，手术后我们也一直无以回报，始终想不出用什么样的礼物，才能表达我们的感激和谢意，因此也就从来没有送过任何物质。29年来，母亲只是在每个春节，给张教授寄上一张小小的贺年卡，表达我们全家的心意，献上我们的衷心祝福！

我深知，像张教授这样救死扶伤、实行人道主义的白衣天使，成千上万！没有他们，哪里有我们的健康和第二次生命？尊重医护人员，与之密切配合，是患者的基本守则。患者的康复和重生，是医护的目标愿望和不懈追求，我们不应对此有丝毫怀疑和误解。医生在治病救人上，是和患者心心相印、同心同德的，面对共同的敌人——病魔，医患是同一个战壕里同仇敌忾、并肩作战的战友！绝没有半点对立！我们的生命和那些神圣的白衣天使永远联系在一起！

正是有了文中所体现出来的处处为患者考虑、将工作做深做细的工作作风，张丽珠才赢得了万千患者的衷心感谢。在对三院妇产科新生代的年轻医师们谈话时，她着重强调的两点，一是技术，二是态度：

"新的一代要继承发扬妇产科的优良传统，重视经验的积累。理论结合实际，多读文献，培养独立思考分析病情的能力。同一种疾病，在不同病人，表现并不一致。有了坚强的功底，才能在不同的情况下，处理过去未见过的难题。

"技术过硬的后面必有正确思想在引导。医乃仁术，须勇于克服困难。记得那时产科大出血的场面，我总是冲在前面。在挫折面前，不能退缩。我们的岗位工作就是治病救人。当一个医师面对一个病人时，他已面对整个社会。我们日夜不分，风雪无阻，这是为了什么？"

桑榆晚景

　　1997年，张丽珠离开了她所热爱的工作岗位，光荣退休，这一度让她有些不太适应。她曾写过一篇散文表达自己内心的苦闷：

　　今天是星期六，没等闹钟在六点十分响，我已经起床了。果然不出所料，外面一片白茫茫，雪正在下着，路上盖了厚厚一层雪，下面是冰。这几天我一直担着心，很紧张，怕到时去不了医院。前几天都是我的研究生搀扶着我上下班车，他们怕我滑倒摔跤。的确，摔了跤骨折卧床，说不定一病不起。采卵和接生一样，卵要排出和孩子要出生一样，等不了你医生驾到。那么卵排了对病人岂不是一个大大的损失？今天又是我一名已毕业的博士研究生，昨晚她住在我家，紧紧地搀扶着我，踏着冰雪从家门口走到马路边上，这半年来算一算，人家每周双休日，我一共只休过一个星期日。有时候真想睡个懒觉，我们加班没有加班费，不管我们每月上缴多少，奖金一视同仁。星期六和星期日我都要一早打的，而每次我都要打面的，因为面的较便宜。平时我家门口大街车水马龙，今天却冷冷清清。假日打的很不容易，预料今日会更困难。早已下定决心，一见夏利就上，耐心等了很久，猛然见一夏利，在街对面，急忙向它招手，车停了下来，但他三院不去，因为车转不过弯儿来。最后我们失去了信心，从燕东园漫步走到圆明园331公共汽车站。我心里觉得真苦，公共汽车真不错，这种天气，这种道路，还照样行车。这个上午我为一个病人取了11个卵，并为两个病人进行了胚胎移植，她们三个人都是我在开始第一次门诊接待，一直观察追踪到现在的。她们都有可能怀孕，但愿我们大家都有好运气。工作完毕又承蒙另一位博士研究生送我回家。在公共汽车上我有很多思想活动。

　　昨天一位记者来访问我，使我回忆到不少往事。我于1946年夏乘抗战胜利后第一或第二艘船，横渡太平洋，从上海去美国留学，后又受聘于英国，又横渡大西洋。1951年夏从英国回国，正在抗美援朝的时候。我的父母早已去世，国内一无牵挂。新中国对我有号召力，伟大的祖国正走向光明，我要回我的家，为我的祖国和人民贡献力量。没有想到，竟在购买船票时受到了拒绝，公司不肯卖给我票，说必须出示入境许可证。我很不理解，也很生气。为什么回自己的国家还要入境许可证。只能努力请别人帮助，但无把握。等待期间，我去了巴黎参观访问，即将去瑞士。此时我在伦敦的朋友电话告诉我，国内来了电报。我赶忙回到伦敦，电报简单的几个字"欢迎你回国"。这是一个决定我一生命运的通知，我胜利地购得船票回国。

到香港后，参观了学校和医院，有人对我说"像你这样的人，何处不可为家"。从香港到广州的旅途中，首次看到珠江上空飘扬的五星红旗，禁不住热泪盈眶。"祖国呀，我又回到了你的怀抱"。

我已回国45年多，历经革命道路上的坎坷，也懂得了不少人情事故。回想起来，当时在广州迎接我的革命领导干部，紧紧地盯着我问："你带来了什么无线电类的东西吧！"大概是对我回国的目的有所怀疑吧。这几年很多人对我说："你当时留在香港就好了。""你现在对回国觉得懊悔吗？"时到如今，"懊悔"两个字绝对不会从我口中说出。

当然，有时候我也有些不理解的事。10月底的一天，突然通知我，院长要和我谈话，地点是人事处。奇怪！从1958年开院到现在，这是第一次，院长主动要找我。在人事处谈话，我嘀咕着，莫非让我退休？好像不会，因为博士生导师规定退休年龄是70岁，我现在已经过了75岁，还没听说让我退休。况且我现在正忙着呢。病人看我的门诊要排队三天三夜，挂黑号，最高达1000元。我还主持并亲手制成我国大陆6个首例：

首例试管婴儿，首例"礼物"婴儿，首例试管婴儿三胞胎，首例赠卵试管婴儿（1992年6月12日诞生），首例冻融胚胎试管婴儿（1995年2月6日诞生），首例代孕母亲试管婴儿（1996年9月8日诞生）。正是红红火火，风云一时。我还真想趁热打铁，继续奔下去。这个时候退了不干了，对我们的事业发展是利是弊？我想我绝对不会挡在路上，我照章办事，办理退休手续。提出我有3个博士研究生，6个月后将毕业，我要保证完成这项任务。还有几个特殊病人，早已约好做试管婴儿，特别是几个为此回国的病人。另外还有一个刚考进来的博士研究生，我现在只能把这名学生退了。研究处处长说，让别人干，你挂名。我说我从来没有挂过名而不干活儿的。科研处也同意我辞退此研究生，之后，这位新来的年轻研究生找我来谈了好几次，我实在不忍心，"好吧，我会带你的"。

新年来临，病人们及时地给我送来了锦旗。新旧研究生寄来了贺年片，封面上印着"献给我亲爱的母亲"。里面抄了这几句话："慈母手中线，游子身上衣""谁言寸草心，报得三春晖""让我们向您道一声，辛苦了，我的老师，我慈母般的恩师。愿我们对您的爱，永远成为一道光明灿烂的光照耀着您，愿您每一天都健康，拥有阳光、流水、远山、绿草……和一切美丽的东西……"看到这里，我的眼睛又湿润了。我的儿女都在国外，不会给我寄来这样的贺卡。这么大年纪了，在这冰天雪地的星期六，奔来奔去，为的是什么？如果我说的话会得罪一些人，说就说吧，我还有什么不能失掉的呢？

很快，张丽珠就摆脱了这种彷徨的心态，因为她还有很多事情要做。三院的同事们还是经常来找她参加科室的活动，无论是业务问题还是生活问题都经常征求她的意见和建议。2002年，三院的辅助生殖技术团队正式从妇产科中分出来，成立了生殖医学中心。看到最初开展试管婴儿工作时的两间小平房发展成2500平方米的现代化中心，规模亚洲第一、世界第二，被聘为中心名誉主任的张丽珠与有荣焉、感慨万千。之后她经常受邀去单位向妇产科和生殖医学中心的年轻人讲述自己的从医心得，其中2005年的一次讲话很好地集中体现了她多年来的体会：

作为一名老同志，想借此机会和年轻的同志、同行们谈谈心。

你们生在一个令人美慕的时代，改革开放、科教兴国的时代。科技的创新，依靠人才，现在正是培养人才、起用人才的时代。你们将成为妇产科领域中的骨干力量。重任在身，妇产科的未来要靠你们。我和你们处在一个不同的时代，对妇产科的认识、工作的体会和人生道路的感受确会有所不同。我们之间需要沟通。

我是 1944 年从医学院毕业的，获得了医学博士 MD 学位，现在是 2005 年。算算已足有 60 年。这 60 多年来，不论是学习还是工作，我从无一日脱离过妇产科。回国工作也有 50 多年了。我曾在不同的条件下做过很多大手术，搞教学，做研究。多少年来并不是舒舒服服，而是历经坎坷。这风风雨雨的 50 年，也值得回忆；我对妇产科很有感情，为祖国人民服务，无怨无悔。今昔对比，更能体会今日的幸福。有了今日的条件，受到国家的重视和支持，应当对自己提出更严格的要求，对国家和人民作出贡献。

要在医学科学技术上有所创新，必须具有扎实的功底和一定的经验积累。攀登医学的高峰，不是一跃而上的，而是一步一步地攀登，一步一个脚印。每一层楼都要建筑得牢靠，也就是说必须要有踏踏实实的基本功。我认为基本功要规范化。现在我们妇产科很多专业名词和定义还是按照 Williams 产科学，妇科病理也是遵照

Novak 的书，但在实践中却并不按规定做了。譬如，妇科检查中最基本的一项是阴道检查，但现在有些医师更依靠仪器，在门诊问了病史，即做阴道 B 超，阴道 B 超是一项很先进的辅助检查方法，可用于核对阴道检查的结果；而阴道检查可发现子宫直肠窝的结节，伴有明显触痛，或附件区压痛；这是盆腔子宫内膜异位症和盆腔炎等常见病的体征，不做阴道检查将被漏诊。另外，我们习惯右手执笔、干工作，所以应当用左手伸入阴道做检查，肘部和前臂呈 90° 角，向前探时，以身体前部顶住肘部向前，使前进力量受到控制而右手用来持器械。最近一位北医 1955 年毕业的妇产科医生告诉我，现在用左手做阴道检查的只有她一人了。当然，决不能说用右手检查就不是妇科专家。当我在国外开始工作时，那里的主任教授 Telinde 观察我用左手阴道检查的动作，肯定我的基本训练是正规的。

现在剖宫产做多了，对于产钳的规范操作，似不甚了解，发生了失败的产钳术也无所谓。20 世纪 40 年代后期，产钳术是英国妇产科国家考试时考操作的重要课题。对新事物、新技术跟得很紧，但不能维护妇产科的优良传统，使我痛心。

定期查房对医师培养，大家了解病情，讨论诊治方法，复习总结经验是不可缺少的制度。主管医师须对病人完全了解，记忆在心。让我不耐烦的是：他手拿病历，照本宣读，而回答问题，必须翻阅病历查找。一位已不在位的妇产科医师，对我们的妇产科恋恋不舍，重要的一项就是查房。她说我对他们的要求真严格，有时甚至让他们受不了，但正是通过查房，"严为爱，宽为害"，她的收获最大。我曾两次长期去过农村医疗队，做过多个大手术，当时那里并无合格的手术条件，且身受沉重的政治压力。这种逆境和困境，对个人来说，是最能考验一个人救死扶伤的过硬思想和本领。现在我国仍然重视农村的医疗保健工作，有一天我们会去大西北的农村或参加地震洪水救灾，我们的专业也还要适应时代的需要。最初我想专攻妇科肿瘤，但是1958年北医三院创建，在一个刚开发的八大学院区。我被调来主持妇产科。那里的居民都是一些年轻的教师和学生。时逢"大跃进"，大批女学生闭经，我们的研究工作即时转移到女性内分泌方面。这样，就建立了女性内分泌实验室，将放射免疫检查和雌、孕激素受体测定方法引进临床。

1984年我们开始进行试管婴儿研究工作，也是在一穷二白的条件下，社会舆论压力下，经过坎坷的道路取得成功，并在三院建立了生殖医学中心。现在，辅助生殖医学中心在我国各地林立。生殖医学已成为一门独立的学科，未来发展前景广阔。的确，在那个年代我们的物质报酬较差，但是病人的满意，给我们带来了安慰，治疗成功是我们最大的快乐。

我既是一名医师，又是教师，要拳不离手，曲不离口，还要以身作则。新的一代要继承发扬妇产科的优良传统，重视经验的积累。理论结合实际，多读文献，培养独立思考分析病情的能力。同一种疾病，在不同病人，表现并不一致。有了坚强的功底，才能在不同的情况下，处理过去未见过的难题。

技术过硬的后面必有正确思想在引导。医乃仁术，须勇于克服困难。记得那时产科大出血的场面，我总是冲在前面。在挫折面前，不能退缩。我们的岗位工作就是治病救人。当一个医师面对一个病人时，他已面对整个社会。我们日夜不分，风雪无阻，这是为了什么？

在继承前人工作的基础上，有所前进并创新。我的信念：有机遇，就有挑战。做人要做到，己所不欲，勿施于人；新技术和经验应为大家所共享。鼓励自己的学生向其他专家学习；广开思路，多长见识，以推动整个学科的发展。学问要从宽而深入手，从宽而深的基础发展到既博又精。论文不应只求数量，要重质量。

年轻一代的医师们。你们精力充沛，风华正茂，条件又好，应当加倍努力，奋发图强，将你们的才华充分发挥出来。我们要做好你们的后盾，为你们而骄傲。

不仅是在北医三院，她"神州试管婴儿之母"的大名鼎鼎在外，很多学术机构或医疗机构都邀请她去授业解惑或指导医疗工作。她只要力所能及，就尽量前往，继续为推广辅助生殖技术贡献自己的力量。此外，她此前从1981年起多年担任《中华妇产科杂志》的副总编辑，退休后也仍然经常受杂志社同人邀请参加社里组织的活动。

这个时候，她多年辛苦所取得的成绩被越来越多的人认识到，同时为她带来诸多荣誉。2008年11月16日，中国科协发布全国民众投票选出的50年来十大影响中国的科技事件，"中国大陆首例试管婴儿诞生"光荣上榜，这体现了普通民众对张丽珠工作的认可。2011年12月1日，由中国福利会主办的第十五届"宋庆龄樟树奖"颁奖典礼在北京亚洲大酒店隆重举行，张丽珠获奖并参加颁奖典礼，该奖于1985年6月由中国福利会创设，每两年评选颁发一次，授予为妇女儿童事业作出卓越贡献、在国内外具有一定知名度和影响力，以及为推动妇女儿童事业发展作出杰出贡献的人士。

参加学术活动之外，张丽珠也终于开始享受家庭生活，有更多的时间可以陪陪家里人。晚年的她和唐有祺先生总是一起外出、形影不离。外孙女小炅（Joanna）小的时候她带了很长时间，这也算是对女儿"不幸"童年的一种弥补了。

2016 年 9 月 2 日，张丽珠在北京逝世，享年 95 岁。斯人已去，但她发展、推广的医学技术仍在持续惠及万千家庭，她的崇高医德也在无数患者及其家属的心中不可磨灭。